_____ 학교 ____ 학년____반_____ 의 책이에요.

신나는 **교과 체험학습** 시리즈 이렇게 활용하세요!

'체험학습'이란 책에서나 수업 시간에 배운 지식을 실제 현장에서 직접 경험해 보는 공부 방법이에요. 단순히 전시된 물건을 관람하거나 공연을 보는 것이 아니라 학습을 하기 전에 미리 필요한 정보를 조사하는 것까지를 포함한 모든 활동을 의미해요. 어떻게 공부할 것인지를 준비하면 그렇지 않은 경우보다 훨씬 더 많은 것을 보고 느끼게 되겠지요. 이 책은 체험학습을 하려는 어린이들에게 좋은 길잡이 역할을 할 거예요.

❶ 가기 전에 읽어 보세요

이 책은 체험학습 현장을 어린이들이 쉽게 이해할 수 있도록 풀이한 안내서예요. 어린이들이 직접 체험학습 현장을 찾아가는 데 필요한 정보가 들어 있어요. 체험학습 현장을 가기 전에 꼼꼼히 읽어 보세요.

❷ 현장에서 비교해 보세요

이 책에는 국립중앙박물관 미술관에 전시된 전통 예술을 감상하는 데 필요한 자세한 설명과 배경 지식이 담겨 있어요. 우리나라를 대표하는 도자기부터 정교함과 섬세함을 느낄 수 있는 각종 공예품, 회화, 불교 작품까지 모두 만나 보아요.

❸ 스스로 활동해 보세요

이 시리즈는 단지 지식을 전달하기 위한 교양서가 아니에요. 어린이 여러분이 교과서로 수업 시간에 배운 내용을 실제 현장에서 직접 체험하며 익힐 수 있도록 다양한 활동 내용을 담았지요. 책 중간이나 뒷부분에 이해를 돕기 위한 활동이 있으니 꼭 스스로 정리해 보세요.

❹ 견학 후 활동이 다양해요

체험학습 후에는 반드시 견학 후 여러 가지 활동을 해 보세요. 보고서 쓰기, 신문 만들기, 그림 그리기 등을 통해 체험학습에서 보고 들은 내용을 다시 한번 정리하면 알찬 체험학습이 될 거예요.

신나는 교과 체험학습 32

아름다운 전통 예술을 만나요 국립중앙박물관 미술관

초판 1쇄 발행 | 2008. 10. 27.
개정 3판 4쇄 발행 | 2023. 11. 10.

글 조혜진 | 그림 황별아

발행처 김영사 | **발행인** 고세규
등록번호 제 406-2003-036호 | **등록일자** 1979. 5. 17.
주소 경기도 파주시 문발로 197(우-10881)
전화 마케팅부 031-955-3100 | 편집부 031-955-3113~20 | 팩스 031-955-3111

값은 표지에 있습니다.
ISBN 978-89-349-9646-0 64000
ISBN 978-89-349-8306-4 (세트)

좋은 독자가 좋은 책을 만듭니다. 김영사는 독자 여러분의 의견에 항상 귀 기울이고 있습니다.
전자우편 book@gimmyoung.com | 홈페이지 www.gimmyoungjr.com

어린이제품 안전특별법에 의한 표시사항

제품명 도서 **제조년월일** 2023년 11월 10일 **제조사명** 김영사 **주소** 10881 경기도 파주시 문발로 197
전화번호 031-955-3100 **제조국명** 대한민국 ⚠**주의** 책 모서리에 찍히거나 책장에 베이지 않게 조심하세요.

아름다운 전통 예술을 만나요

국립중앙박물관 미술관

글 조혜진 그림 황별아

주니어김영사

차례

국립중앙박물관 미술관에
    가기 전에   2
한눈에 보는
    국립중앙박물관 미술관   4

전통 예술의 아름다움을
    감상해요   6
붓으로 예술을 쓰다   8
먹과 색으로 아름다움을
    그리다   12
해탈과 극락의 세계를
    그리다   18
학문과 예술을 갈고닦는 곳   22

불교 조각과 공예 문화를
    감상해요   26
부처의 미소를 조각하다   28
섬세하고 정교하게 다듬다   32
흙과 불로 예술을 구워 내다   36
아름다운 비색을 가진 청자   38
투박한 매력의 분청사기   42
순수한 아름다움을 지닌 백자   45

미술관을 나서며……   50
나는 미술관 박사!   52
상감 청자 만들기   54
정답   56

부록 : 숙제를 돕는 사진

국립중앙박물관 미술관에 가기 전에

미리 준비하세요

1. **준비물** 《국립중앙박물관 미술관》 책,
   수첩, 필기도구, 카메라.

2. **옷차림** 가벼운 옷차림으로 활동하기 편하게 입어요.

미리 알아 두세요

관람 시간	월·화·목·금요일	오전 10시~오후 6시
	수·토요일	오전 10시~오후 9시
	일요일·공휴일	오전 10시~오후 7시

관람료	무료
휴관일	매년 1월 1일, 설날, 추석, 4·11월 첫째 월요일
문의	02) 2077-9000
주소	서울특별시 용산구 서빙고로 137
홈페이지	http://www.museum.go.kr

가는 방법

지하철로 가요

4호선, 중앙선(문산-용문) 이촌역 2번 출구로 나와 용산가족공원 방향으로
150미터 걸어가면 국립중앙박물관 입구가 나와요.

버스로 가요

파랑버스(간선버스) 502(이수교→서빙고역→용산가족공원→국립중앙박물관)

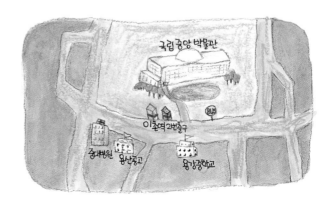

국립중앙박물관
미술관은요……

국립중앙박물관은 우리나라를 대표하는 박물관으로 총 15만여 점의 소장 유물 중 12,044여 점의 유물을 선사·고대관, 중·근세관, 서화관, 조각·공예관 등 6개 관에서 전시해요. 이 책에서는 그중 서화관과 조각·공예관을 미술관으로 묶어서 소개할 거예요.

먼저 문자로 표현하는 예술인 서예, 그린 이의 마음이 고스란히 담긴 회화, 불교의 교리와 가르침을 표현한 불교 회화, 조상들의 소박하고 정갈한 삶을 느낄 수 있는 사랑방을 감상할 수 있는 서화관을 구경해요. 그리고 삼국 시대부터 조선 시대까지의 불교 조각의 흐름과 특징을 알 수 있는 불상들, 우리나라 예술의 정교함과 섬세함을 느낄 수 있는 금속 공예, 한국미를 대표하는 도자기를 감상할 수 있는 조각·공예관을 둘러보세요. 그러고 나면 자연스럽게 우리나라 전통 예술의 아름다움을 발견할 수 있을 거예요.

자, 그럼 우리 유물들이 들려주는 이야기를 들으러 가 볼까요?

그림부터 도자기까지 우리나라 예술의 아름다움을 감상해 보자.

미술관을 모두 둘러보면 우리나라 미술의 특징을 알 수 있을 거야.

한눈에 보는 국립중앙박물관 미술관

국립중앙박물관 미술관은 서화관과 조각·공예관으로 이루어져 있어요. 2층에 있는 서화관에는 서예실, 회화실, 불교 회화실, 사랑방이 있고, 3층에 있는 조각·공예관에는 불교 조각실, 금속 공예실, 도자 공예실이 있지요. 또한 2층과 3층의 중간에는 야외 의식용 불화인 괘불이 걸려 있어요. 이 괘불도 감상하면서 의식이 베풀어지는 공간의 장엄함을 느껴 보세요.

❶ 서예실

추사 김정희, 정조 임금 등 우리나라 명필들의 작품을 비롯하여 비석, 탁본 등 서예 자료들을 전시해요.

❷ 회화실

산수화, 인물화, 풍속화 등 조선 시대의 다양한 회화 작품을 만날 수 있어요. 감상에 유용한 정보들도 함께 찾아보며 그림을 감상하면 좋아요.

❸ 불교 회화실

불교 회화실은 불교의 교리와 가르침을 표현한 그림을 전시한 공간이에요. 부처와 보살 등 불교의 세계를 어떻게 그림으로 나타냈는지 알 수 있어요.

❸ 사랑방

사랑방은 학문을 갈고닦는 곳이자 손님을 접대하는 곳이었어요. 사랑방 모형을 통해 조선 시대 선비들의 생활을 엿볼 수 있어요.

조각·공예관

관람 끝!

서화관

출발!

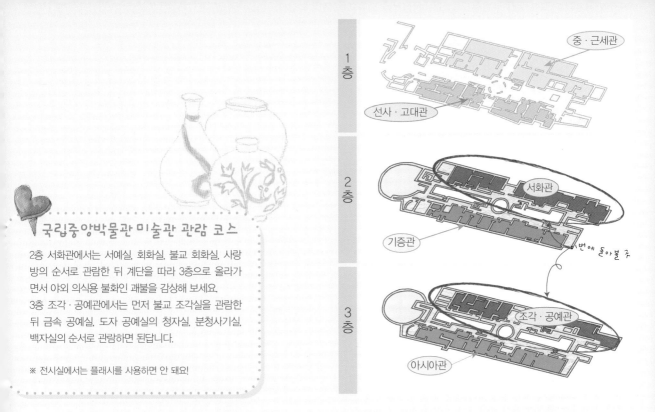

1층

중·근세관

선사·고대관

2층

서화관

기증관

한 번에 돌아볼 것

3층

조각·공예관

아시아관

국립중앙박물관 미술관 관람 코스

2층 서화관에서는 서예실. 회화실. 불교 회화실. 사랑
방의 순서로 관람한 뒤 계단을 따라 3층으로 올라가
면서 야외 의식용 불화인 괘불을 감상해 보세요.
3층 조각·공예관에서는 먼저 불교 조각실을 관람한
뒤 금속 공예실. 도자 공예실의 청자실. 분청사기실.
백자실의 순서로 관람하면 된답니다.

※ 전시실에서는 플래시를 사용하면 안 돼요!

다시 출발!

조각·공예관으로!

❺불교 조각실

엄숙하면서도 신비로운 분위
기가 풍기는 불상의 아름다움
을 느낄 수 있어요.

❻금속 공예실

화려하면서도 기품이 넘치는
금속 공예 작품들을 만날 수
있어요.

❼도자 공예실

고려 미술의 최대 업적인 고려
청자에서부터 절제와 순수미
의 상징인 조선백자까지 많은
도자기를 감상할 수 있어요.

전통 예술의 아름다움을 감상해요

미술관은 중요한 유물을 감상하면서 한국 미술의 큰 흐름을 살펴볼 수 있도록 구성

되어 있어요.

그중 서화관은 우리나라의 대표적인 서예·회화·불교 회화·목칠 공예 작품을 시대의

흐름에 따라 전시해 놓은 곳이에요. 4개의 전시실을 둘러보면서 선과 색채로 이루어

진 한국 전통 예술의 아름다움을 느껴 보아요.

관람 코스

서예실 · 회화실 · 불교 회화실 · 사랑방

출발

가운데의 그림을 중심으로 왼쪽부터 영취산에서 설법하는 석가모니불, 서직수 초상, 용맹한 호랑이, 한호 석봉이 쓴 두보 시, 서안. 모두 국립중앙박물관 소장

붓으로 예술을 쓰다

서화관 전시실로 들어서면 맨 먼저 만날 수 있는 곳이 서예실이에요. 서예 하면 왠지 따분하고 재미없게 느껴진다고요? 단순히 종이에 써 놓은 글씨일 뿐인데 서예를 왜 예술이라고 하는지 궁금한 친구들도 있을 거예요. 그러나 서예의 의미와 내용을 먼저 이해하고 감상한다면 생각이 달라질 거예요. 그러면 지금부터 서예실로 출발해 볼까요?

문자가 곧 예술!

서예는 글씨를 통해 아름다움을 추구하는 예술이에요. 특히 동양의 서예는 펜이 아니라 붓으로 쓰지요. 따라서 글씨의 모양에 자연스러운 힘의 변화가 드러나기도 하고, 먹의 농도에 따라 글씨의 명암에 변화가 나타나요. 또한 글씨의 모양과 글의 내용이 어우러져 아름다움을 이룬답니다.

무엇보다도 서예가는 자신의 생각과 감정을 붓에 담아 문자로 표현하며, 글을 쓰는 공간과의 조화를 중요하게 생각해요. 이렇게 여러 가지 요소가 어우러졌기 때문에 조상들은 서예를 하나의 작품으로 여겼지요.

서예는 종이 위에 쓴 것뿐만 아니라 돌로 만든 비석에 새긴 것도 있어요. 통일 신라 시대부터 고려 시대까지는 금석문 자료들이 많고, 조선 시대부터는 종이에 쓴 자료들이 많이 남아 있어요.

서예는 어떻게 감상할까?
서예를 제대로 감상하려면 꾸준히 작품을 감상하면서 서예가들에 대해 알아 가는 것이 중요해요. 각 서예가의 독특한 서체를 익히고 그 멋을 이해하는 것이지요. 이런 과정에서 자연스럽게 서예의 아름다움을 느낄 수 있을 거예요.

✵ 금석문
쇠로 만든 종, 돌로 만든 비석 등에 새겨진 글자를 말해요.

> 우리 조상들은 서예를 인격을 가다듬는 중요한 수단으로 여겼어.

돌 위에 새겨진 글씨

단단한 돌 위에 무언가를 새기는 것은 쉽지 않은 일이에요. 또박또박 아름답게 새기는 것은 더욱 힘들지요. 그러나 우리 조상들은 돌 위에 아름다운 필체의 서예 작품을 많이 남겼어요. 자신의 생각을 오래 남기기 위해 단단한 돌 위에 글을 새기고 탁본을 해서 간직하기도 했어요. 이렇게 나무나 돌, 금속 등에다 어떤 사람이나 사건에 대한 기록을 새긴 것을 '비'라고 하는데, 그중 돌에 새긴 것을 '비석'이라고 해요.

비석에 글씨를 새길 때에는 주로 글자를 집자해서 새겨요. '집자'란 필요한 글씨를 선택하여 이를 조화롭게 연결하는 작업이에요. 한 사람의 글씨체라도 시기에 따라 모양이 조금씩 다르기 때문에 일정한 크기와 모양의 글씨를 새기기 위해서는 집자할 때 서체를 잘 골라야 해요.

탁본
비석이나 목재, 그릇에 새겨진 글자나 무늬에 먹을 칠한 뒤 종이를 대어 모양 그대로 찍어 내는 방법을 말해요. '탑본'이라고도 하지요.

신라 568년,
함경남도 황초령

황초령 신라 진흥왕 순수비 탁본
신라 진흥왕이 함경도 지역을 돌아보면서 백성을 살피고 공을 세운 이들에게 상을 내리고 이를 기념하기 위해 세운 것이에요.

이 비석에 새겨진 글씨를 쓴 김생은 '신라의 왕희지'라고 불렸대.

김생(711~791?),
고려 954년,
높이 218센티미터

태사자 낭공 대사 비석
통일 신라의 국사*였던 낭공 대사를 기리는 이 비석은 김생의 글씨체로 새겨져 있어요. 비석의 앞면에는 낭공 대사의 일생과 업적이, 뒷면에는 낭공 대사가 입적할 당시 세상이 어지러워 비석을 세우지 못하다가 고려 통일 후 광종 때 세웠다는 글이 쓰여 있어요.

*국사 : 나라에서 임금의 스승이 될 만한 승려에게 내리는 칭호예요.

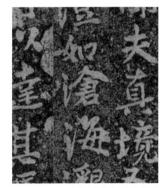

태사자 낭공 대사 비석에 집자된 김생의 글씨예요.

다음은 어떤 유물에 대한 설명일까요? (9쪽 참고)

(　　　　)

❶ 유명한 서예가인 김생의 글씨를 집자해서 새겼어요.
❷ 통일 신라 때 국사였던 사람을 기리는 비석이지만 고려 광종 때에야 세울 수 있었어요.

☞ 정답은 56쪽에

송설체
중국 원나라 학자인 조맹부의 서체예요. 조맹부는 송나라 왕실 출신으로 당시 최고의 학자이자 예술가였답니다.

필획
글자를 구성하는 점과 획을 말해요.

한석봉
김정희와 함께 우리나라를 대표하는 서예가로, 조선 중기에 활동했어요. 이름은 '한호'이며, '석봉'은 한호의 호예요.

조선 시대에 꽃핀 서예

유교 국가인 조선에서는 선비들이 학문과 인격을 닦기 위해 서예를 했어요. 그래서 조선 시대에는 서예 문화가 크게 발전했지요. 조선 시대 초기에는 중국에서 들어온 송설체가 유행했어요. 세종 대왕의 셋째 왕자인 안평 대군은 송설체의 유행에 큰 영향을 끼쳤는데, 안평 대군의 글씨는 몹시 우아하고 아름다웠답니다.

성리학이 발전한 조선 중기에는 강한 필획으로 힘을 강조한 굳세고 개성적인 석봉체가 유행했어요. 여러분이 잘 알고 있는 한석봉 이야기의 주인공인 한호의 글씨체이지요. 조선 제14대 왕 선조는 석봉체로 천자문을 만들어 전국에 널리 보급하기도 했어요.

조선 후기에는 추사 김정희의 서체인 추사체가 사랑을 받았어요. 추사체는 마치 돌에 새긴 것처럼 거칠고 강한 질감이 특징이에요. 비석에 새겨진 글자를 연구하는 금석학자였던 김정희는 여러 비석들에 새겨진 서체를 연구하여 추사체를 완성했어요.

여러 가지 서체

한자가 처음 발명된 뒤 시간이 흐름에 따라 서체가 다양하게 변화해 왔어요. 고대 한자에서 발전한 전서에서부터 오늘날에도 많은 사람들이 쓰는 행서까지 다양한 서체의 생김새와 특징을 알아보아요.

전서
고대 한자에서 발전한 서체예요. 이때까지만 해도 완전한 문자는 아니었지만, 최초로 통일된 한자의 틀이 완성되었다는 점에서 큰 가치가 있지요. 갑골문, 종정문 등이 있어요.

예서
오늘날 한자 글씨의 형태를 띠고 있어요. 고풍스러운 멋이 있어서 지금까지도 많은 사람들이 애용하고 있어요.

여러 유물들을 보면서 서예의 서체가 매우 다양하게 발전했다는 것을 발견할 수 있을 거예요. 그러나 조선 후기의 서예 문화는 20세기에 들어서면서 개화, 일본의 침략, 근대화 등의 영향을 받아 점차 약화되었어요. 하지만 글씨를 쓰면서 배움의 깊이를 더하고 인격을 닦은 조상들의 마음가짐은 꼭 기억하도록 해요.

서예 발전에 앞장선 왕

왕의 글씨를 '어필'이라고 해요. 왕은 어릴 때부터 왕이 되기 위해 체계적이고 깊이 있게 학문을 닦았고, 선진 문화를 먼저 접할 수 있었기 때문에 서예에도 소양이 깊었어요. 어필은 그 시대의 글씨에 대한 선호도와 경향을 보여 주는 기준이랍니다. 서예의 흐름을 이끈 대표적인 왕으로는 조선의 선조와 정조가 있어요.

정조의 어필은 매우 바르며 힘이 느껴지고, 선조는 초서체에 능했다고 해.

조선 1596년, 가로 16.5센티미터, 세로 25.2센티미터

석봉 한호가 쓴 두보 시
금가루로 글씨를 써서 화려한 멋이 드러나요.

추사 김정희가 쓴 〈묵소거사 자찬〉

조선 19세기, 가로 128.1센티미터, 세로 30.2센티미터

"침묵을 지켜야 할 때 침묵을 지킨다면 그때의 상황에 적절히 처신함이요, 웃어야 할 때 웃는다면 적절하게 처신하는 것이라네."로 시작하는 글씨예요.

해서
예서를 정리한 서체로 우리가 한자를 처음 배울 때 보는 기본 글씨체예요. 각 획이 짜임새 있게 정리되어 있어 읽고 쓰기 좋아요.

초서
초서는 흘려서 쓴 서체예요. 간단하고 빠르게 쓸 수 있지요. 아주 멋스럽지만 지나치게 흘려 써서 알아보기 어렵기도 해요.

행서
행서는 일반인들이 주로 사용하는 단순하고 편리한 글씨체예요. 초서처럼 너무 흘려 쓰지 않으면서도 해서처럼 정성들여 쓰느라 시간이 많이 들지 않아 실용적이지요.

회화실

먹과 색으로 아름다움을 그리다

우리나라 그림의 역사는 언제부터 시작되었을까요? 선사 시대 바위 그림이나 청동기 시대의 유물 무늬에서 우리나라 그림의 역사가 시작되었음을 알 수 있어요. 그 뒤 삼국 시대부터 본격적인 그림을 남기기 시작했지요. 고구려 무덤의 고분 벽화를 보면 그 당시 사람들의 그림 실력이 대단하다는 것을 알 수 있어요. 고려 시대에는 '도화원'이라는 곳에서 그림을 전문적으로 그리는 '화원'이 활동했어요. 그렇지만 우리가 회화실에서 많이 보는 그림은 대부분 조선 시대에 그려진 것이에요. 조선 시대에는 도화서에서 일하는 뛰어난 직업 화가들뿐만 아니라 귀족이나 사대부들도 우수한 그림을 많이 그렸어요.

전시실을 둘러보면서 조상들이 그린 뛰어난 그림들을 감상해 보아요.

선사 시대 바위그림
울산의 태화강 상류의 반구대에 가면 바위에 새겨진 선사 시대의 그림을 볼 수 있어요. 고래, 개, 늑대 등의 동물과 배와 어부의 모습, 사냥하는 광경 등을 그렸지요. 선사 시대 사람들은 동물들이 많이 번식하고 그로 인해 사냥감이 많아지기를 바라며 이런 그림을 그렸어요.

도화서
조선 시대에 그림에 관한 일을 맡아보던 곳이에요.

우리 조상들은 그림을 사랑하며 늘 가까이했어요.

인물화, 산수화, 화조동물화, 궁중 장식화, 민화의 순서로 전시되어 있어.

회화실은 전시품이 자주 교체된대.

고사 인물화와 도석 인물화

인물화에는 사실적인 인물을 그린 것 말고도 이야기 속 인물이나 종교와 관련된 인물을 그린 것도 있어요. 고사 인물화와 도석 인물화에 대해 알아볼까요?

고사 인물화는 예부터 전해 오는 이야기 속의 인물을 그린 것이에요. 주로 중국의 유명한 인물을 많이 그렸지만 우리나라의 인물을 그린 것도 있지요. 이런 그림들은 삶에 교훈을 주거나 이야기 속 주인공처럼 되고 싶은 소망을 나타내며, 때로는 현실을 풍자하려는 의도를 담기도 했어요.

도석 인물화는 도교, 불교와 관련된 인물을 그린 그림이에요. 도교의 소재로는 신선을 그린 것이 많으며, 장수와 화복 등을 상징하기 때문에 사람들이 더욱 좋아했어요. 불교의 소재로는 선종*의 시조인 달마를 비롯하여 부처의 제자인 나한을 주로 그렸어요.

*선종 : 스스로 도를 닦아 선을 깨치는 것을 중요하게 여긴 불교의 한 갈래예요.

김명국(1600~1663 이후), 조선, 가로 57센티미터, 세로 83센티미터

달마

내 붓은 사진기, 찰칵찰칵 인물화

여러분은 지금 여러분의 모습을 오랫동안 간직하고 싶을 때 어떻게 하나요? 사진기로 찍어서 사진을 남기면 되겠죠? 사진기가 없던 옛날에는 그림을 그려 간직했어요. 그래서 우리 조상들은 털 하나, 머리카락 하나라도 실물과 다르면 안 된다는 원칙을 강조했지요. 그러면서 그림 속에 주인공의 성품까지 담아내려고 노력했어요. 이렇게 살아 있는 인물을 사실적으로 그린 인물화 외에도 역사 속의 인물을 그리거나 장수와 복을 기원하는 의미를 그린 인물화도 있어요.

초상화의 다른 이름

생존했던 인물의 모습을 그린 초상화는 어떤 인물을 그렸느냐에 따라 이름이 달라지기도 해요. 승려를 그린 초상화는 '진영'이라고 하고, 임금의 얼굴을 그린 초상화는 '어진'이라고 불러요.

서직수 초상

인물의 모습이 매우 사실적으로 묘사된 초상화예요. 초상화의 오른쪽에 있는 서직수가 직접 쓴 글을 통해 얼굴 부분은 이명기가, 몸 부분은 김홍도가 그렸음을 알 수 있어요. 조선 후기의 화가인 이명기는 초상화를 잘 그리는 화가로, 1791년에는 정조의 어진을 그리는 데에도 참여했지요.

조선 1796년, 가로 72.4센티미터, 세로 148.8센티미터

서직수의 초상화 좀 봐. 뺨 위에 점과 눈빛까지 매우 사실적이야!

주름살과 수염은 어떻고! 진짜 눈앞에서 보는 것 같아.

조선 1783년, 가로 94센티미터, 세로 145.5센티미터

강세황 초상

조선 후기의 대표적인 서화가인 강세황의 영정이에요. 서직수 초상을 그린 화가 이명기가 그렸어요.

아름다운 자연 풍경을 담은 산수화

산수화는 물과 산을 비롯한 자연 풍경을 담은 그림이에요. 옛날 사람들은 자연을 살아 숨 쉬는 생명체로 여겼기 때문에 자연과 인간이 조화를 이루는 **이상향**을 그림 속에 담으려고 했지요.

산수화는 도화서 출신 화원들이 그린 기교가 많은 그림과 사대부 선비들이 그린 그림으로 나눠요. 사대부들은 직업 화가가 아니기 때문에 그림을 얼마나 잘 그렸는지보다 그림 속에 얼마나 깊은 뜻을 잘 담았는지를 중요하게 여겼어요.

산수화는 또 이상산수화와 진경산수화로 나누기도 해요. 이상산수화는 현실에 없는, 상상한 자연의 모습을 그린 그림이에요. 안견의 몽유도원도를 보면 마치 꿈꾸는 듯한 느낌이 들지 않나요? 진경산수화는 이와 반대로 우리 눈에 보이는 실제 풍경을 그린 그림이에요. 정선이 그린 금강산을 보면 금강산이 바로 눈앞에 펼쳐진 것 같지요? 실제로 정선은 금강산을 여행한 뒤 이 그림을 그렸다고 해요.

이상향
사람이 생각하고, 꿈꾸는 최고의 상태를 갖춘 완전한 사회를 말해요.

몽유도원도는 안평 대군이 꿈속에서 놀았던 도원을 안견에게 그리도록 한 것이래.

안견, 조선 1447년, 가로 106.5센티미터, 세로 38.7센티미터, 일본 덴리 대학 소장

몽유도원도

정선((1676~1759), 조선 1711년, 각 폭 가로 37.4센티미터, 세로 36센티미터

금강산 중 총석정

옛날 사람들은 아름다운 자연 풍경을 담은 산수화를 그렸어요.

꽃과 동물에 의미를 담은 화조·동물화

화조·동물화는 꽃과 새, 동물을 그린 그림이에요. 꽃이나 동물들이 금방이라도 그림 밖으로 튀어나올 것처럼 생생하게 표현되어 있답니다. 그래서 사람들은 이 그림들을 산수화나 인물화보다 친숙하게 느끼고 좋아했지요.

그림 속의 꽃, 나무, 동물에는 각각의 의미가 있어요. 모란은 부귀영화, 연꽃은 다산, 석류는 자손의 번창, 소나무는 지조, 학·고양이·나비·패랭이꽃은 장수, 원앙과 물고기는 부부의 사랑, 닭은 높은 벼슬에 올라 이름을 떨침, 까치는 기쁜 소식을 상징하지요. 이런 의미를 알고 그림을 보면 더 재미있겠지요?

조선 19세기, 가로 47.9센티미터, 세로 119.7센티미터

헤엄치는 오리
선비 화가 홍세섭이 그린 그림이에요. 홍세섭은 새와 동물 그림을 잘 그렸어요.

옛사람들의 생활을 보여 주는 풍속화

옛날 사람들은 어떻게 생활했을까요? 아이들은 여러분처럼 학교에 다녔을까요? 궁금하다면 풍속화를 보세요. 풍속화는 우리 선조들의 생활 모습을 담은 그림으로, 옛사람들의 생활을 알 수 있어요.

풍속화는 고구려 때부터 시작되었어요. 고구려 고분 벽화에는 사냥하는 모습, 춤추는 모습 등 그 당시의 일상생활이 담겨 있지요. 그러나 우리 역사에서 본격적으로 풍속화가 등장한 것은 조선 후기예요. 이때는 김홍도, 신윤복, 김득신 등 뛰어난 화가들이 풍속화를 많이 남겼어요. 대장간, 추수, 씨름, 단오 등을 주제로 한 풍속화을 보면 조선 시대의 사회 모습을 생생하게 엿볼 수 있답니다.

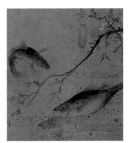

장한종(1768~1815), 조선, 가로 24.6센티미터, 세로 30센티미터

물고기와 게

신윤복, 조선 18세기, 가로 31.4센티미터, 세로 29.6센티미터

연못가의 여인

김홍도, 조선 18세기, 가로 22.7센티미터, 세로 27센티미터

기와 올리기

왕실의 위엄을 보여 주는 궁중 회화

궁중 회화에는 궁중 기록화와 궁중 장식화가 있어요. 먼저 궁중 기록화는 결혼, 생일잔치 등 궁궐에서 벌어지는 여러 가지 공식 행사를 기념하기 위해 그린 그림이에요. 궁중 장식화는 궁중 의례에 사용하거나 생활 공간을 장식하기 위해 그린 그림이지요. 두 종류 모두 나라의 권위와 왕실의 위엄을 보여 주어요. 그래서 왕의 취향이 궁중 회화에 큰 영향을 미쳤지요. 글과 그림을 좋아하던 정조가 조선을 다스리던 때에는 훌륭한 풍속화 작품을 남긴 김홍도와 신윤복과 같은 화원이 탄생했어요.

일월오봉도는 왕이 앉아 있는 용상 뒤에 장식으로 놓은 그림이야.

일월오봉도
우리나라의 다섯 명산과 해, 달, 소나무를 그렸어요. 해와 달은 쉬지 않고 나라를 돌보는 왕을, 소나무는 땅과 하늘을 연결해 주는 존재를 나타내요.

화원을 양성하던 도화서

조선 시대에는 나라에 속하여 전문적으로 그림을 그리는 곳이 있었어요. 바로 '도화서'라는 곳이지요. 어떤 곳인지 알아볼까요?

고려 시대에 '도화원'이라는 곳이 있었어요. 이곳은 나라에서 화가를 길러 내고 그림을 관리하기 위해 설치한 관청이에요. 이것이 조선 시대에 이름이 '도화서'로 바뀌었지요. 도화서에서는 궁궐에서 일어나는 일이나, 임금의 초상화 등 궁중 회화를 주로 그렸어요. 지금은 사진으로 기록을 남기지만 그때는 그림으로 남길 수밖에 없었기 때문이에요. 도화서 화원들은 궁중 회화 말고도 산수화, 풍속화 등 여러 종류의 그림도 많이 그렸어요.

조선 시대에 그림을 잘 그리거나 좋아하는 사람들은 도화서에 들어가 화원이 되는 것이 꿈이었어요. 그래서 화원이 되기 위한 시험이 아주 치열했다고 해요.

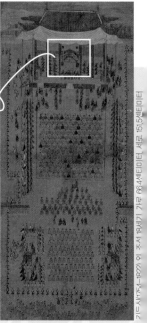

조선 시대에는 왕의 모습을 함부로 그리는 것을 대단히 무례하게 여겼기 때문에 의자나 '일월오봉도'와 같이 왕을 상징하는 병풍으로만 왕의 모습을 표현했어요.

정조의 현륭원 행차

김득신(1754~1822) 외 조선 18세기, 기룬 66.4센티미터, 세로 151.5센티미터

익살스러움과 소박한 멋이 있는 민화

민화는 조선 시대 후기 서민들 사이에서 유행하던 그림이에요. 그래서 누가 그 그림을 그렸는지 정확히 알 수 없어요. 선비나 전문적인 화가가 그린 것처럼 수준이 뛰어나지는 않지만 특유의 익살스러움과 소박한 멋이 담겨 있지요.

사람들은 대개 복이나 건강을 비는 의미를 담아 민화를 그렸어요. 민화에 자주 등장하는 호랑이는 산신령을 대신하는 동물로, 나쁜 귀신을 막아 주고 착한 사람을 도와준다고 여겨서 주로 설날에 그려서 벽에 붙였어요. 호랑이와 함께 까치도 민화에 많이 그렸는데, 이것은 좋은 소식이 들려오길 바라는 마음을 나타내는 것이랍니다.

민화는 서민들에게 사랑받은 그림이에요.

조선 18세기, 가로 55.1센티미터, 세로 96센티미터

용맹한 호랑이
설날에 까치와 호랑이를 그린 그림을 걸면서 한 해의 복을 빌었어요.

민화는 생활 공간을 장식하기 위해서도 많이 그렸어.

여기서 잠깐!

무엇일까요?
우리나라의 초상화가 갖고 있는 특징은 무엇일까요? 두 가지를 써 보세요.

1. _____

2. _____

☞ 정답은 56쪽에

유물 퀴즈

각 유물에 해당하는 설명을 찾아 번호를 써 보세요. (14쪽 참고)

❶ 정선은 실제로 금강산을 여행한 뒤 이 그림을 그렸어요.
❷ 꿈에서 본 풍경을 표현한 그림이에요.

( )　　　( )

☞ 정답은 56쪽에

해탈과 극락의 세계를 그리다

삼국에 불교가 전해진 시기

고구려, 백제, 신라 삼국 중 맨 먼저 불교가 전해진 나라는 고구려예요. 고구려는 소수림왕 때(372년), 백제 는 침류왕 때(384년) 불교를 받아 들였고, 신라는 법흥왕 때(527년)에 불교를 공인했어요. 이후 불교는 삼 국의 국교로서 찬란한 문화를 꽃피 우는 원동력이 되었지요

삼국 시대에 우리나라에 불교가 전해진 이래로 불교는 우 리 문화의 바탕이 되었어요. 고려 시대에는 불교를 나라의 종교로 정해 절을 많이 지으면서 석탑, 사찰, 불상, 불교 회 화 등이 크게 발전했지요. 이는 조선 시대까지 이어졌어요.

불교 미술은 크게 불교 회화와 불교 조각으로 나뉘어요. 서화관에서는 불교 회화를 보면서 우리나라 종교 예술의 아름다움을 느낄 수 있답니다.

불교의 가르침을 표현한 불교 회화

오늘날 불교 회화는 낯설고 어려워 요. 평소에 자주 보던 그림들처럼 풍 경이나 정물을 그린 그림이 아니기 때문이에요.

불교 회화는 불교의 교리와 가르침 을 표현한 그림이에요. 법당에 걸어 놓고 예배하기 위한 그림들로, 불교 가르침의 내용을 설명하기 위한 것 과 절의 내부와 외부를 장식하기 위 한 것이 있지요.

불교 회화를 감상하기 전 에 불교의 가르침과 불

🌸 법당
불상을 모셔 놓고, 불교의 가 르침을 전하는 장소를 말해 요.

조선 1684년, 가로 599.9센티미터, 세로 913.3센티미터

야외 의식용 불화
1684년 부석사에서 그린 야외 의식용 불화예요.

교 회화 속에 나타나는 여러 가지 요소들을 알고 이해한 다면 불교 회화에 좀 더 가깝게 다가갈 수 있을 거예요. 먼저 부처와 보살에 대해 알아볼까요?

옛날 사람들은 불교의 가르침을 표현하는 불교 회화를 그려 절의 내부와 외부를 장식했어요.

부처와 보살은 어떻게 다를까?

불교 미술을 접하다 보면 '부처'나 '보살'이 들어간 제목을 흔히 볼 수 있어요. 그렇다면 부처는 무엇이고 보살은 무엇일까요?

부처는 보통 인도의 왕자로 태어나 불교의 가르침을 전한 석가모니를 가리키는 경우가 많아요. 지금도 미얀마, 태국 등의 불교 국가에서는 오직 석가모니만을 믿어요. 하지만 우리나라와 중국, 일본 등지에서는 아미타 부처, 약사 부처 등 여러 부처를 믿지요. 누구나 깨달음을 얻으면 부처가 될 수 있다고 믿기 때문이에요.

'보살'이란 '보리살타'를 줄인 말로, 옛 인도 말인 '보디사트바'를 소리 나는 대로 한자로 바꾼 거예요. 보살은 부처가 되기 위해 수행하면서 중생을 구제하는 역할도 해요. 또 부처와 달리 머리에 화려한 관을 쓰고, 목과 팔 등에 장신구를 붙이고 화려한 옷을 입고 있어요. 오늘날에는 덕이 높은 승려나 여자 신도를 보살이라고 부르기도 해요.

불교는 어떻게 시작되었을까?

지금으로부터 2천500여 년 전, 인도의 한 왕국에 고타마 싯다르타라는 왕자가 살았어요. 고타마 왕자는 백성들이 늙고 병들어 고통스럽게 죽어 가는 모습을 보면서 늘 마음 아파했지요.

'어떻게 하면 사람이 겪는 갖가지 고통을 없앨 수 있을까?'하고 수없이 고민하던 왕자는 국왕 자리도 뿌리치고 그 해답을 얻기 위해 궁궐을 떠났어요. 온갖 고행을 겪으며 도를 닦아 마침내 깨달음을 얻은 왕자는 자신이 깨달은 것을 많은 사람들에게 알려 주기 시작했어요. 이것이 불교의 시작이며 고타마 왕자가 바로 석가모니예요.

손 모양에 이렇게 깊은 의미가 담겨 있구나.

부처의 여러 손 모양

부처들은 이름과 역할에 따라 그 모습이 달라요. 보통 수인(手印), 즉 손 모양을 보고 구분해요. 어떤 손 모양을 하고 있는지 알아보아요.

석가모니 부처
이 세상에 인도의 왕자로 태어난 부처예요. 손으로 땅을 가리키며 악마를 눌러 이기는 손 모양이에요.

약사 부처
사람들의 질병을 고쳐 주는 부처예요. 약사 부처는 손 위에 약 그릇을 들고 있어요.

비로자나 부처
진리 자체를 상징하는 부처예요. 한 손이 다른 손 검지를 쥐고 있는 모양이에요. 이는 중생을 감싼다는 의미이지요.

아미타 부처
극락세계를 다스리는 부처예요. 설법하는 상대에 따라 9가지 서로 다른 손 모양을 하고 있는데, 이것은 그중 하나예요.

불교 회화에는 어떤 종류가 있을까?

불교 회화는 영취산에서 **설법**하는 석가모니불, 극락에서 설법하는 아미타불 등과 같이 부처를 중심으로 그린 그림과 관세음보살, 지장보살과 같은 보살을 그린 그림으로 구분할 수 있어요. 또한 부처의 제자 가운데 으뜸가는 성자를 그린 '나한도'와 뛰어난 승려를 존경하고 추모하여 그린 '진영'도 **불화**에 속하지요.

절에서는 법당 안에 모신 불상을 중심으로 예배를 드려요. 이때 법당 안에 걸린 불화는 불상을 자세히 알려 주는 역할을 해요. 예를 들어, 대웅전의 석가모니 불상 뒤에는 영취산에서 설법하는 석가모니불 그림을 걸어 석가가 인도 마가다국의 영취산에서 **법화경**을 설법한 역사적 장면을 설명하지요. 이 밖에도 절의 장엄함을 보여 주거나 어려운 불교의 교리를 사람들에게 알기 쉽게 전달하기 위해 불화를 그렸어요.

불교 회화도 알고 보면 흥미로운 이야기들을 담고 있어.

조선 1742년, 기본 242.2센티미터, 세로 364센티미터

영취산에서 설법하는 석가모니불
인도의 영취산에서 있었던 부처의 설법 모임은 조선 사람들이 즐겨 그린 불화의 주제예요.

여기서
잠깐! 무엇일까요?

다음 중 불교의 교리와 가르침을 표현한 그림은 무엇일까요? ( )

① 　② 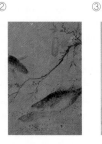　③ 　④

☞ 정답은 56쪽에

20

무섭게 생긴 사천왕의 비밀

절에 가면 맨 먼저 무엇이 보이나요? 절 입구에 덩치가 크고 무섭게 생긴 사천왕이 떡하니 버티고 있지요. 그 부리부리한 눈과 표정을 보면 괜히 겁이 나고 들어가기가 무서워요. 그렇지만 알고 보면 더없이 친근한 존재랍니다.

사천왕은 인도 신화에 등장하는 신으로, 불교에 귀의*하여 항상 부처와 동행해 온 신이에요. 이들은 부처를 보호하고, 절을 지키며, 인간을 깨달음에 이르도록 도와주는 착한 신들이에요. 그래서 사람들은 절을 들어갈 때와 나올 때 꼭 사천왕에게 인사를 하며 고마움을 전한답니다.

어때요? 이제 절에 가서 사천왕을 봐도 무섭지 않겠죠? 불교 회화 속에서도 사천왕의 모습을 한번 찾아보세요.

*귀의 : 부처와 불법에 돌아가 의지하여 구원을 얻으려는 것을 말해요.

〈영취산에서 설법하는 석가모니불〉에도 사천왕이 있어. 석가모니를 둘러싼 네 귀퉁이를 잘 찾아봐.

사천왕의 종류

절에 가면 처음 지나는 문을 주로 '천왕문'이라고 불러요. 천왕문의 양쪽에 2명씩 4명의 천왕이 서 있어요. 사천왕이 각각 어떤 역할을 하는지 알아보아요.

※아래의 사천왕은 불국사 천왕문에 있는 것이에요.

지국천왕
동쪽을 지키는 지국천왕은 칼을 잡고 있는 모습이에요. 착한 사람을 괴롭히는 나쁜 사람을 벌하지요.

광목천왕
서쪽을 지키는 광목천왕은 신라 시대에는 칼을 들었지만 조선 시대에 들어오면서 왼손에 탑을 든 모습으로 바뀌었어요. 나쁜 사람들에게 벌을 주어 반성하게 만들지요.

증장천왕
남쪽을 지키는 증장천왕은 용과 여의주를 잡고 있어요. 사랑을 다루는 가을의 신이면서 만물이 살아나도록 힘쓰지요.

다문천왕
북쪽을 지키는 다문천왕은 신라 시대에는 탑을 들었지만 조선 시대에 들어오면서 두 손에 비파를 든 모습으로 바뀌었어요. 즐거움을 관리하는 겨울의 신이에요.

학문과 예술을 갈고닦는 곳

조선 시대에는 남성과 여성의 역할과 지위가 엄격하게 구분되어 있었고 생활하는 공간도 따로 분리되어 있었어요. 사랑방은 주로 남성들이 생활하던 공간으로, 학문을 갈고닦는 곳이자 예술 활동을 하는 곳, 뜻이 맞는 벗들과 친분을 쌓는 곳이기도 했지요.

학문과 예술의 중심인 문화 공간, 사랑방에 대해 다 같이 살펴볼까요?

사랑방에서 가장 소중하게 여겨지는 문방사우

선비들이 학문을 연마하는 데 쓰는 물건 중 종이, 붓, 먹, 벼루 이 네 가지를 문방사우라고 해요. 문방은 학문을 갈고닦는 서재를 가리켜요. 서재에서 꼭 필요한, 떨어질 수 없는 친구들이라는 뜻으로 이런 이름이 붙었어요.

이처럼 소중하게 여겼던 문방사우를 보다 편리하게 사용하고 보관하기 위해 여러 가지 용품들을 함께 이용했어요. 종이의 경우 책장, 종이를 눌러 두는 문진, 편지꽂이인 고비, 가로로 길게 늘여 둘둘 말아 놓은 두루마리를 꽂아 두는 지통 등이 함께 쓰였어요. 붓은 필통, 붓걸이, 붓받침 등이 함께 사용되었으며, 먹은 먹을 담아 두는 먹집이나 먹을 올려 두고 쓰는 먹받침 등과 함께 썼어요. 마지막으로 벼루는 벼루를 보관하는 벼룻집 등과 함께 쓰였어요.

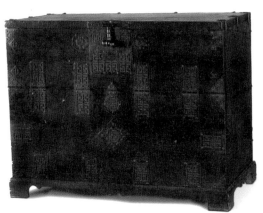

조선 19세기, 가로 101.5센티미터, 세로 53.3센티미터, 높이 75.5센티미터

강화 반닫이

반닫이는 옷, 그릇, 책 등 다양한 물건을 넣어 두는 가구로, 앞면의 반이 열고 닫을 수 있는 문이어서 반닫이라고 불려요. 강화 반닫이는 경기도 강화 지역에서 만들었으며 주로 궁궐에서 사용하였어요.

사랑방에는 나전 칠기 공예품도 전시되어 있어.

채색한 소의 뿔을 이용한 화각 공예품도 있어.

청빈한 생활을 그대로 드러내는 사랑방 가구

조선 시대 선비들은 청빈한 생활을 중요하게 여겼기 때문에 사용하는 가구나 생활용품도 간결하고 격조가 높은 것을 선택했어요. 부드럽고 소박한 소나무나 오동나무를 주로 사용했고, 느티나무와 먹감나무의 나뭇결을 이용한 장식으로 자연미를 살렸답니다. 대표적인 사랑방 가구에는 서안과 연상, 중요한 물건들을 보관하고 책과 문방용품 등을 진열하는 문갑 등이 있어요.

조상을 예로써 모시는 사당 가구

조선 시대에는 살아 계신 어버이는 물론 돌아가신 조상님들도 지극정성으로 모셨어요. 그래서 보통 양반집에서는 조상의 신주(죽은 이의 이름을 적은 나무패)를 모시고 제사를 올리는 건물인 사당이 따로 설치되었지요. 사당에서 사용한 물건들을 살펴보자면 먼저 신주를 모셔 두는 가구인 감실과 주독, 제사 때 신주를 올려놓는 의자인 교의, 음식을 올리는 제상, 향로를 올려놓는 향안 등이 있어요. 이런 가구들은 일반 가구와는 달리 특별한 모양으로 만들어졌어요. 검은 칠을 해서 엄숙한 분위기도 냈고요. 이렇게 만들어진 사당 가구는 집안 대대로 전해졌으며 낡아도 버리지 않고 땅에 묻을 정도로 소중히 다루었어요.

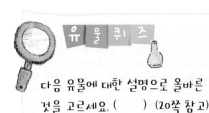

유물 퀴즈

다음 유물에 대한 설명으로 올바른 것을 고르세요. (　　) (20쪽 참고)

❶ 아름다운 풍경을 나타낸 그림이에요.
❷ 인물의 표정과 생김새, 털 오라기 하나까지 자세하게 나타냈어요.
❸ 법당에 거는 그림으로 불상을 자세히 알려 주어요.

☞ 정답은 56쪽에

⊛ **청빈**
성품이 깨끗하고 돈이나 물건에 대한 욕심이 없어 가난한 것을 말해요.

사랑방 벽에는 편지꽂이나 붓걸이 등을 걸어 놓았대.

조선 19세기, 가로 30.7센티미터, 세로 19센티미터, 높이 22센티미터
연상
벼루와 먹, 붓, 종이 등을 모아 두는 곳이에요.

조선 19세기, 가로 60센티미터, 세로 24.5센티미터, 높이 26.3센티미터

서안
선비들이 사용하던 작은 책상이에요.

조선 19세기 말~20세기 초, 가로 65센티미터, 세로 45.7센티미터, 높이 181.7센티미터

의걸이장
두루마기나 치마와 같은 긴 옷을 걸쳐 놓도록 한 옷장이에요.

따뜻하고 화사한 안방 가구

안방은 여성이 자녀를 기르고 집안 살림을 이끌어 가는 중심 공간이에요. 그래서 따뜻하고 화사한 분위기로 꾸몄지요. 안방 가구는 나뭇결이 아름다운 느티나무나 먹감나무, 물푸레나무를 주로 사용하였고, 아름답게 꾸미기 위해 자개나 짐승의 뿔로 장식하기도 했어요. 종류에는 장과 농, 화장 도구를 모아 두는 경대 등이 있어요.

단순하면서도 실용적인 부엌 가구

우리나라의 전통 가옥에서 부엌은 음식을 만드는 공간이자 아궁이를 통해 온돌방을 데우는 곳이에요. 따라서 그릇 또는 음식을 보관하는 찬장이나 찬탁, 곡식을 보관하는 뒤주 등은 부엌에 딸린 찬방이나 대청에 놓았어요. 이러한 가구는 무게를 충분히 감당하면서 습기나 음식물 때문에 벌레의 해를 입지 않도록 주로 소나무로 만들었어요.

식사를 하는 장소인 방은 부엌과 멀리 떨어져 있어서 음식을 나르는 도구이자 식탁으로 소반을 사용했어요.

조선 19세기, 가로 42센티미터, 세로 33.7센티미터, 높이 30.4센티미터
해주반
소반 중에서 해주에서 만든 소반을 해주반이라고 해요.

조선 19세기, 지름 44센티미터, 높이 29센티미터
호족반
소반 중에서 다리 모양이 호랑이의 다리를 닮은 소반을 호족반이라고 해요.

나전 칠기 공예와 화각 공예

조선 시대 목가구들은 대개 간결하고 검소한 아름다움을 추구했지만 나전 칠기 공예나 화각 공예같이 화려하고 아름다운 공예품을 만들기도 했어요. 나전 칠기 공예와 화각 공예란 무엇인지 알아볼까요?

나전 칠기 공예
옻칠을 한 용기 위에 자개를 박아 넣어 장식하는 공예예요. 단단한 조개껍데기를 갈아 내고 옻칠을 반복하는 까다로운 작업을 거쳐야 하지요. 주로 상류층에서 사용하였으며, 서류함과 같은 남성용품과 상자, 빗접*과 같은 여성용품이 있어요.

조선 18세기, 가로 37.1센티미터, 세로 26.4센티미터, 높이 7.6센티미터
나전 칠기 포도 무늬 서류함

*빗접: 빗과 같이 머리를 빗는 데 쓰는 물건을 넣어 두는 도구예요.

화각함

화각 공예
얇게 편 소의 뿔에 그림을 그려 나무로 만든 용기 위에 붙여 장식하는 것으로, 조선 후기에 유행한 우리나라 고유의 공예예요.

조선 19세기 말~20세기 초, 가로 34.1센티미터, 세로 21.8센티미터, 높이 24.3센티미터

조상들은 어떤 생각을 담아 집을 지었을까?

조선 시대에는 유교 사상을 매우 중요하게 여겼어요. 유교란 자신의 몸을 다스리고 가정을 다스린 뒤에야 나라를 다스리고 온 세상을 편안하게 할 수 있다는 동양의 사상으로 인(仁:어질다)을 도덕의 최고 이념으로 여겨요. 조선 시대에는 유교의 가르침을 익히고 지키는 데에 온 정성을 다했어요. 따라서 한옥을 지을 때에도 유교의 가르침에 따라 지었지요.

남녀유별*에 따라 여자가 생활하는 안채와 남자가 생활하는 사랑채로 공간을 나누었어요. 또 장유유서*에 따라 안채와 사랑채 안에서도 시어머니와 며느리, 아버지와 아들의 공간이 정해졌고, 신분에 따라서 주인이 머무르는 본채(안채, 사랑채)와 하인이 머무르는 행랑채로 나뉘었지요. 안채와 사랑채 사이에는 '내외담'이라는 것을 세워 사랑채에서 안채가 잘 들여다보이지 않도록 했어요.

오늘날에는 한옥을 많이 볼 수 없지만 서울에 있는 남산골 한옥마을이나 전국에 있는 민속 마을에서 아직까지 그 모습을 보존하고 있어요. 옛 모습을 간직한 한옥을 찾아가 우리 조상들의 어떤 사상이 담겨 있는지 알아보고 내가 살고 있는 집과 비교해 보는 것은 어떨까요?

*남녀유별 : 남녀 사이에는 다름이 있어야 한다는 말이에요.
*장유유서 : 나이가 많은 사람과 적은 사람 사이에는 지켜야 할 차례가 있다는 뜻이에요.

한옥의 구조

일반적인 한옥의 구조예요. 어떤 구조로 되어 있는지 한번 볼까요?

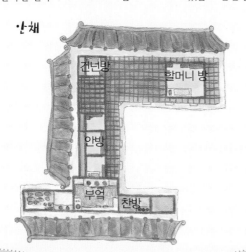

안채
건넌방
할머니 방
안방
부엌
찬방

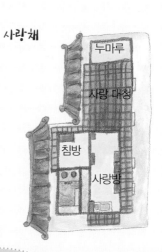

사랑채
누마루
사랑 대청
침방
사랑방

불교 조각과 공예 문화를 감상해요

이곳에서는 한국의 불교 조각과 공예 문화의 진수를 감상할 수 있어요. 불교 조각실·금속 공예실·도자 공예실 등 총 5개의 전시실에 700여 점을 전시하고 있어요. 특히 세계 최고 걸작 중 하나인 삼국 시대의 금동 미륵보살 반가 사유상 같은 불상을 비롯하여 영롱한 빛과 부드러운 곡선이 아름다운 도자기를 만날 수 있지요. 2층 서화관의 불교 회화실에서 출구를 거치지 않고 계단을 올라가면 곧바로 3층 조각·공예관에 있는 불교 조각실에 닿아 불교 미술을 한꺼번에 감상할 수 있어요.

금동 미륵보살 반가 사유상을 비롯해 아름다운 우리나라의 불교 조각을 볼 수 있는 곳이래!

관람 코스

도자 공예실　　　금속 공예실　　　불교 조각실

백자실　분청사기실　청자실

출발

전 세계 사람들이 감탄한
고려청자와 투박하지만
정감 있는 분청사기, 순수한
아름다움을 지닌 백자도
감상할 수 있어.

왼쪽부터 백자 달 항아리, 분청사기 모란 넝쿨무늬 항아리, 청자 참외 모양 병, 백자 끈 무늬 병, 금동 미륵보살 반가 사유상, 감산사 석조 미륵보살 입상.
모두 국립중앙박물관 소장.

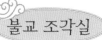

부처의 미소를 조각하다

고대 인도의 고타마 싯다르타 왕자는 백성들의 괴로움과 고통을 없애는 방법을 찾기 위해 많은 수행을 한 뒤 깨달음을 얻어 불교라는 종교를 만들었어요. 고타마 왕자는 고대 인도 말로 깨달음을 얻은 사람이라는 뜻의 '붓다'라 불렸어요. 그 뒤 불교가 중국과 우리나라로 전해 오면서 발음이 비슷한 한자인 '불타'라 불렸고, 점차 부르기 쉽게 '부처'라는 말로 바뀌었지요.

불상은 부처가 죽은 뒤에도 그 가르침을 계속 기리고 기억하기 위해 만든 조각이에요. 불상 이외에도 불교와 관련된 조가에는 보살상, 사천왕같이 부처를 호위하는 신장상 등 여러 가지가 있어요.

불교 조각실에서는 삼국 시대부터 조선 시대까지 불교 조각의 흐름과 시대별, 주제별 특징을 살펴볼 수 있어요.

자, 그럼 이제 불교 조각의 세계로 출발해 볼까요?

서화관에 있는 불교 회화와 함께 불교 조각을 감상하면 불교 예술의 아름다움을 잘 느낄 수 있어.

중생을 모든 병에서 구해 낸다는 약사 부처야.

손에 약사발을 들고 있는 것이 특징이래.

만든 시기가 새겨진 가장 오래된 불상

우리나라에서 불교 조각이 처음 만들어진 때는 언제일까요? 지금까지 남아 있는 불상 중 가장 오래된 것은 '연가 칠년'이 새겨진 부처예요. 처음에 이 불상은 신라의 땅이었던 경남 의령에서 발견되어서 신라의 불상이라고 여겼어요. 그런데 광배 뒤에 '539년 고구려 수도 평양에 있던 동사라는 절에서 만든 1,000개의 불상 중 29번째'라는 글뿐만 아니라 '연가 칠년'이라는 제작 시기가 새겨져 있어요. 여기서 '연가'라는 단어는 고구려에서 사용한 연호이기 때문에 고구려 불상임이 밝혀졌지요.

고구려 539년, 높이 16.2센티미터
앞면 　　　 뒷면
'연가 칠년'이 새겨진 부처

'연가 칠년'이 새겨진 부처는 동으로 만든 뒤 금으로 도금을 했어요. 광배의 일부분이 손상되긴 했지만 도금도 완전히 남아 있어서 그 가치를 인정 받아 1964년에 국보 제119호로 지정되었어요.

> **재료에 따른 불상의 종류**
>
> 불상을 어떤 재료로 만들었는지에 따라 불상의 이름이 달라져요. 돌로 만든 불상은 '석불', 나무로 만든 불상은 '목불', 쇠로 만든 불상은 '철불', 동으로 만들고 그 위에 금을 입힌 불상은 '금동불'이라 부른답니다.

🔅 연호

우리가 요즘 쓰는 '서기'처럼, 해를 세는 기준이 되는 이름이에요. 옛날에는 새 임금이 왕위에 오르는 해에 연호도 새로 붙였어요. '연가'는 고구려의 연호로, 연가 7년은 539년으로 추정되어요.

불상의 각 부분을 가리키는 말

불상을 관람하다 보면 '광배'나 '육계'와 같은 낯선 이름들을 많이 발견할 수 있어요. 이러한 이름들은 모두 불상의 각 부분을 가리키는 말로, 아래 그림과 함께 익히고 난 뒤 불상을 감상하면 더 쉽고 재미있게 불상을 관람할 수 있을 거예요.

통일 신라 9세기 이후, 높이 290센티미터
비로자나 부처

광배　부처의 몸에서 나오는 빛을 나타낸 것으로, 부처에 대한 존경심을 표현한 거예요.

육계　부처의 머리 위에 혹과 같이 살이 올라온 것이나 머리뼈가 튀어나온 것으로 지혜를 상징해요.

나발　오른쪽으로 말린 꼬불꼬불한 나선형 모양의 머리카락이에요.

백호　부처의 양 눈썹 사이에 난 희고 부드러운 털을 백호라고 해요. 작은 원형을 도드라지게 새기거나 수정 같은 보석을 끼워 넣기도 했으며, 드물게 직접 색칠하여 그리기도 했어요.

법의　부처가 입은 옷을 통틀어 말해요. 내의와 치마, 겉옷인 대의로 이루어져 있어요.

대좌　불, 보살 또는 천인, 승려 등이 앉거나 서는 자리를 말해요. 불상의 종류에 따라 연꽃을 새긴 연화좌, 사자를 새긴 사자좌, 구름의 형태를 표현한 운좌 등이 있어요.

은은한 부처의 미소

불교 조각실을 관람하다 보면 독립된 방을 발견할 수 있어요. 안으로 들어가면 은은하게 조명을 받고 있는 금동 미륵보살 반가 사유상을 만날 수 있지요.

일본 호류사 소장

목조 미륵보살 반가 사유상

반가 사유상이란 한쪽 다리를 다른 쪽 무릎 위에 얹고, 손가락을 볼에 댄 채로 생각에 잠긴 모습의 보살상을 말해요. 은은하면서도 부드러운 미소와 반가 사유상이 입은 옷의 부드러운 곡선미가 무척 아름답지요? 우리나라의 반가 사유상은 일본에도 영향을 주어서 일본에 가면 우리와 비슷한 반가 사유상을 볼 수 있어요.

부처 상은 수수한 옷차림, 보살상은 화려한 옷차림이 특징이래!

높이 83.2센티미터 / 삼국 시대 6세기 후반

금동 미륵보살 반가 사유상
(국보 제78호)

높이 93.5센티미터 / 삼국 시대 7세기 전반

금동 미륵보살 반가 사유상
(국보 제83호)

석굴암에 버금가는 아름다움을 지닌 불상

불교 조각실의 한쪽에 비슷한 형태의 석조 불상이 나란히 서 있는 것을 볼 수 있어요. 바로 감산사 석조 미륵보살 입상과 감산사 석조 아미타불 입상이지요.

이 불상들은 통일 신라 때 만들어진 것으로, 매우 세련되고 사실적인 모습이 특징이에요. 또한 아미타불 입상의 광배 뒷면에는 신라 성덕왕 때 김지성이라는 사람이 돌아가신 부모를 위해 만들었으며, 미륵보살은 어머니를 위하여, 아미타불상은 아버지를 위하여 만든 것이라 새겨져 있어요. 이렇게 불상을 만든 사람과 만든 이유 등에 대해 자세히 새겨 놓았기 때문에 매우 중요한 불상으로 꼽혀요.

높이 183센티미터 / 통일 신라 719년경

감산사 석조 미륵보살 입상

높이 275센티미터 / 통일 신라 719년경

감산사 석조 아미타불 입상

우리나라에서 가장 큰 철불

경기도 하남시 하사창동 절터에서 발견된 이 철불은 높이가 2.88미터에 무게가 6.2톤에 달해요. 우리나라에서 가장 큰 철불이지요. 지금도 하사창동의 절터에는 돌로 만든 대좌가 남아 있어요.

커다란 철불을 만들 때에는 작은 불상을 만들 때와는 달리 전체를 몇 부분으로 나눠 제작한 다음 조각을 맞추듯 붙여서 만들기 때문에 이음 부위에 흔적이 남아요. 또한 시간이 지나면 연결 부분이 약해져서 손이 떨어져 나가게 되지요. 따라서 오늘날 발견되는 철불 중에는 손이 없는 것이 많아요.

고려 10세기, 높이 288센티미터
철불

유물 퀴즈

다음 설명을 읽고 어떤 유물을 말하는지 써 보세요. (29쪽 참고)

(   )

❶ 광배 뒤에 만든 시기가 새겨져 있어요.
❷ 고구려의 불상이에요.
❸ 1964년에 국보 제119호로 지정되었어요.

☞ 정답은 56쪽에

정말 이음 부위에 흔적이 남아 있네.

여기서 **잠깐!**

무엇이 다를까요?

부처 상과 보살상 사진을 비교해 보면서 두 불상의 차이점을 설명해 보세요.

_____

_____

불상의 자세에 따른 이름

불상은 자세에 따라 '좌상', '입상' 등으로 이름을 붙여요. 어떤 자세가 어떤 이름을 나타내는지 아래 그림과 함께 알아보아요.

입상
서 있는 자세예요.

좌상
앉아 있는 자세예요.

의상
의자에 앉아 있는 자세예요.

결가부좌상
두 발을 반대쪽 무릎 위에 올린 자세예요.

반가상
한쪽 발을 반대쪽 무릎 위에 올린 자세예요.

윤왕좌상
한쪽 무릎을 세우고 앉은 자세예요.

섬세하고 정교하게 다듬다

금속 공예는 금, 은, 구리, 철 등 금속이 지닌 특성을 이용하여 공예품을 만들면서 시작되었어요. 금속은 다른 재질에 비해 단단하고 빛을 받으면 반짝이며 쉽게 변하지 않아요. 그래서 단단한 특성을 이용해 갑옷과 무기를 만들고, 반짝이는 특성을 살려 각종 장신구와 거울을 만들었지요.

우리 조상들은 예부터 금속을 다루는 기술이 뛰어났어요. 청동기 시대에 금속을 처음 다루기 시작하여 각 시대마다 아름다운 금속 공예품을 만들었지요.

자, 그러면 섬세하고 정교한 금속 공예의 세계로 떠나 볼까요?

불교 의식을 위한 불교 공예품

불교가 전해진 뒤로는 불교 의식에 쓸 금속 공예품을 많이 만들었어요. 불상이나 탑을 비롯하여 석가모니의 **사리**를 보관하는 사리갖춤 등이 대표적인 것들이에요.

사리를 담는 그릇과 그릇 속에 넣는 불상, 작은 탑, 경전과 구슬, 장신구 등의 **공양물**을 '사리갖춤'이라고 해요. 일반적으로 유리 또는 수정 용기에 사리를 담고, 이 용기를 다시 금, 은, 동, 철, 돌 등 다양한 재질의 용기에 차례로 넣어 탑에 넣었어요.

⊛ **사리**
석가모니나 수행자의 몸에서 발견된다는 돌로, 불교의 상징물이에요.

⊛ **공양물**
불교적 의미로는 죽은 사람의 영혼에게 바치는 물건을 말해요.

탑이 무덤이라고?!
기원전 6세기경 석가모니가 열반*에 든 뒤 그의 제자와 신도들은 부처의 시신을 화장한 뒤 나온 유골을 '스투파'에 모셔 놓았어요. 스투파란 '무덤'을 뜻하는 산스크리트 어로 오늘날 '탑'이라는 말의 어원이지요. 오늘날 우리가 알고 있는 탑은 부처의 유골인 '사리'를 보관하기 위해 만든 것이랍니다. 말하자면 부처의 무덤인 셈이지요.
*****열반**: 불교의 최종 목표로, 모든 걱정에서 벗어나고 진리를 깨달아 항상 변함이 없는 상태를 뜻해요.

감은사지 삼층 석탑(서탑) 사리갖춤

통일 신라 682년경, 높이(오른쪽) 28센티미터

정교하고 우수한 사리갖춤

감은사지 삼층 석탑(동탑과 서탑)

통일 신라 682년, 높이 18.8센티미터

감은사지 삼층 석탑(동탑)
집 모양 사리 그릇

통일 신라 시대에는 왕실과 귀족들이 공덕을 쌓기 위해 많은 탑을 세우면서 사리 신앙이 크게 유행했어요. 또한 화려하고 정교한 집 모양의 사리 그릇도 만들었지요. 감은사지 삼층 석탑(동탑과 서탑), 송림사 전탑, 불국사 삼층 석탑 등에서 출토된 통일 신라의 사리갖춤은 우리나라 사리갖춤의 제작 기술이 정교하고 우수하였음을 말해 주어요.

사리갖춤 말고도 다양한 불교 의식 도구들을 살펴볼 수 있어요. 범음을 만드는 도구인 범음구나 불단에 향이나 정수를 바치는 공양구 등이 대표적이지요. 범음구에는 큰 종인 범종, 큰 북인 법고, 나무로 만든 물고기 모양의 목어 등이 있어요.

◉ 범음

불교에서 쓰는 말로, 사람들을 가르치고 이끄는 부처의 말씀을 뜻해요.

여러 가지 범음구

종, 법고, 목어 등의 범음구는 불교에서 의식을 행할 때 엄숙한 분위기를 북돋우고 마음을 가다듬도록 연주하는 도구예요. 각각의 범음구를 그림으로 살펴보아요.

법고를 치는 모습

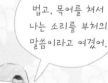
사람들은 범종, 법고, 목어를 쳐서 나는 소리를 부처의 말씀이라고 여겼어.

천흥사 종
고려 1010년, 높이 187센티미터

종을 치는 모습

목어를 치는 모습

이 향완의 넓은 입의 뒷면에는 만든 시기가 적혀 있어.

부처에 대한 정성을 담은 공예품

조선 1397년, 높이 39센티미터

청곡사 향완

공양구에는 향완과 정병이 있어요. 향완은 향을 피우는 그릇이고 정병은 관음보살이 지니고 있는 물건으로, 원래는 깨끗한 물을 담는 물병이었어요. 이것이 부처님 앞에 정수를 바치는 공양구로 사용된 것이에요.

물가 풍경 무늬 정병은 표면을 파서 은실을 끼워 넣은 은입사 기법으로 장식한 정병이에요. 물가에서 낚시하는 사람들과 물 위를 노니는 물새, 바람에 살랑대는 버드나무와 연꽃 넝쿨무늬, 여의두 무늬 등으로 섬세하게 장식되어 화려한 귀족적 풍미를 엿볼 수 있어요.

고려 12세기, 높이 37.5센티미터

물가 풍경 무늬 정병

* **공양구**
부처에게 올리는 향. 꽃, 차 등의 공양물을 담는 그릇이에요.

* **전연성**
전성과 연성의 합성어예요. 전성은 얇게 펴지는 성질. 연성은 길게 늘어나는 성질을 말해요.

* **오목새김**
조각에서, 평평한 면에 글자나 그림 따위를 안으로 들어가게 새기는 것을 말해요.

* **돋을새김**
오목새김과 반대로, 평평한 면에 글자나 그림 따위를 도드라지게 새기는 것을 말해요.

편리하면서도 품위 있는 생활 공예품

금속은 다른 재료에 비해 단단하고 강하며, 광택이 나고 전연성이 좋아 매우 실용적이에요. 삼국 시대부터 본격적으로 금속을 생활용품의 재료로 사용하여 꾸미개, 그릇, 수저 등을 만들어 냈지요.

거울, 꾸미개, 잔과 잔 받침 등은 금속 공예실에서 만날 수 있는 대표적인 생활 공예품이에요. 거울은 고려 시대에 이르러 손잡이가 달린 거울, 매달아 놓는 거울 등 다양한 형태로 발전했지요. 막 피어난 꽃봉오리 형상을 본뜨고 오목새김과 돋을새김 기법으로 무늬를 표현한 잔과 잔 받침은 매우 아름다워요.

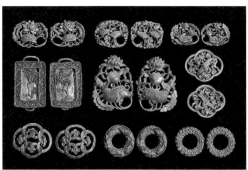

고려 12~13세기, 길이(가운데) 2.8센티미터

꾸미개

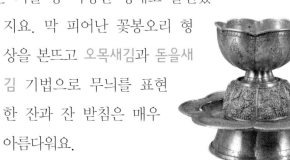

고려 12세기, 높이 12.3센티미터

잔과 잔 받침

조선 시대에는 불교 공예품보다 일상생활에서 쉽게 접할 수 있는 금속 공예가 더욱 발전했어요. 특히 조선 후기에는 일반 서민을 위한 단순하고 소박한 형태와 문양을 가진 생활 용품도 많이 만들어 썼어요.

거울걸이

유물 퀴즈

감은사지 삼층 석탑에서 출토된 유물이에요. 짠짠에 공통으로 들어가는 단어를 써 보세요.
(32, 33쪽 참고)   (   )

○○ 갖춤   ○○ 그릇

☞ 정답은 56쪽에

여기서 잠깐!

무엇일까요?
고려 시대에 불교와 관련된 금속 공예가 발달한 까닭은 무엇일까요?

(   )

① 고려 시대에 금속 자원이 활발하게 개발되었기 때문에
② 고려 시대의 국교가 불교였기 때문에
③ 고려 시대의 승려들이 금속 공예를 매우 좋아했기 때문에

☞ 정답은 56쪽에

우리나라 종의 특징

우리나라 종은 여운이 긴 울림 소리가 웅장하여 동양에서도 으뜸으로 꼽혀요. 그 이유를 알아볼까요?

먼저, 종의 형태에서 그 이유를 찾을 수 있어요. 종의 아래쪽 부분이 안으로 오므라져 종소리가 쉽게 빠져나가지 못해 울림 소리가 길게 나지요.

종을 낮게 거는 것도 또 하나의 이유예요. 땅 가까이에 걸어두면 종소리가 잘 빠져나가지 못하지요. 일본에서는 종소리가 멀리 퍼져 나가게 하기 위해 종을 높게 매달아 종소리의 여운이 길지 않아요.

한 마리의 용으로 이루어진 용뉴의 목 뒷부분에는 우리나라 종에서만 볼 수 있는 둥근 대롱 형태의 '음통'이 솟아 있어요. 이 음통의 안이 비어 있어 종소리가 관통할 수 있는 것도 하나의 이유예요. 이렇게 여러 가지 요인들이 모여 우리나라의 종이 세계의 어느 종보다 웅장하고 울림이 큰 종소리를 냅니다.

용뉴
종을 매달기 위한 고리 역할을 해요. 우리나라 종에는 용뉴의 용이 한 마리가 달려 있지만 중국이나 일본의 종에는 두 마리가 달려 있어요.

음통
용통이라고도 해요. 종을 쳤을 때 소리의 울림을 담당하는 음향 조절 장치로 추정되어요.

천흥사 종

흙과 불로 예술을 구워 내다

전 세계에 대한민국을 대표할 만한 것들에는 무엇이 있을까요? 김치와 비빔밥, 붉은 악마의 응원 물결, 경복궁이나 석굴암과 같은 건축 문화재 등이 있겠지요? 그중에서 빼놓지 말아야 할 것이 바로 도자기예요. 청아하고 맑은 **비색**의 청자와 순백의 담백한 아름다움을 담고 있는 백자 등은 대한민국을 대표하는 문화유산이에요. 특히 고려청자는 청자를 처음 만든 중국에서도 감탄할 정도로 예술성이 뛰어나요.

도자 공예실에서는 고려청자부터 조선의 분청사기와 백자까지, 도자기의 역사와 흐름을 느끼며 다양한 작품을 감상할 수 있어요. 자랑스러운 우리 도자기의 세계로 떠나 볼까요?

> ✸ **비색**
> 고려청자의 빛깔과 같이 푸른색을 말해요.

> 가장 마음에 드는 도자기는 무엇인지, 어떤 특징을 갖고 있는지도 생각해 보자.

> 시대에 따라 도자기의 모습이 다르구나!

도자기는 어떻게 발전해 왔을까?

아름다운 우리나라 도자기의 역사는 먼 신석기 시대로 거슬러 올라가 빗살무늬 토기에서부터 시작해요. 곡식을 저장하기 위해 만든 토기 하나에도 독창적으로 빗살 무늬를 새긴 우리 조상들의 예술적인 감각이 훗날 청자, 분청사기, 백자로 이어진 것이지요. 시대별로 우리 도자기가 어떻게 발전해 왔는지 연표와 함께 알아봐요.

신석기 시대   청동기 시대   삼국 시대·가야

빗살무늬 토기   민무늬 토기   기마 인물형 토기(가야의 토기)

빗살무늬 토기에서 도자기까지

흙으로 만들어 높은 온도에서 구워 낸 그릇을 도자기라 불러요. 그중에서도 1천300도보다 높은 온도에서 구운 것을 '자기', 그보다 낮은 온도에서 구운 것을 '도기'라고 부르지요. 천 도가 넘는 높은 온도를 견뎌 냈기 때문에 도자기는 아주 단단해요.

토기는 유약을 바르지 않아서 표면에 거칠거칠한 흙 감촉이 그대로 있는 것을 말해요. 여러분이 잘 아는 '빗살무늬 토기'가 바로 토기의 한 종류예요. 토기는 우리 조상들이 신석기 시대부터 사용해 왔지요.

그럼, 토기가 아닌 도자기는 언제부터 쓰였을까요? 고려 시대에 들어와서 사람들은 흙으로 만든 그릇에다가 유약을 발라 높은 온도의 가마에 구울 수 있는 기술을 터득했고, 이때부터 도자기를 많이 만들었답니다.

유물 퀴즈

다음 금속 공예품 중 성격이 다른 하나는 무엇일까요? ( ) (34쪽 참고)

❶ ❷ ❸

☞ 정답은 56쪽에

❀ 유약
재를 우려낸 물이에요. 도자기의 몸에 덧씌워 도자기에 액체나 기체가 스며들지 못하게 하고, 표면에 광택이 나게 해 줘요.

고려청자   분청사기   백자   도자 공예

고려 시대   조선 시대   오늘날

아름다운 비색을 가진 청자

우리나라가 아직 토기를 쓰던 시절에 중국에서는 이미 도자기를 만들어 사용했어요. 특히 푸른빛이 아름다운 중국의 청자는 우리나라에서 아주 귀한 물건이었기 때문에 우리나라 사람들도 그런 청자를 만들려고 부단히 노력했지요. 그 결과 900년대 말에 우리도 청자를 만들 수 있게 되었어요. 그로부터 100년 뒤, 중국 청자보다 푸른빛이 훨씬 아름답고, 겉면에 새겨진 무늬도 더 멋진, 최고의 청자가 탄생했지요.

이제부터 아름다운 청자의 세계로 가 볼까요?

고려 자기만이 가진 아름다움

여러분이 알고 있는 청자가 처음부터 영롱한 비색을 띠었던 것은 아니에요. 청자를 처음 만들기 시작했을 때에는 중국의 영향을 받아 짙은 색의 청자를 주로 만들었어요. 무늬 없는 순청자, 간단한 **양각·음각** 기법의 청자, 철화 청자, **백토**나 **자토**로 그림을 그린 퇴화 청자 등이 여기에 속해요.

고려 자기는 11세기 중엽부터 눈에 띄게 발달해 12세기부터 아름다움을 꽃피우기 시작했어요. 이때는 중국 청자의 특징은 거의 사라지고 고려 자기만의 독창적인 예술 세계가 펼쳐졌지요.

> ⬤ **양각**
> 평평한 면에 글자나 그림을 도드라지게 새기는 일을 말해요.

> ⬤ **음각**
> 평평한 면에 글자나 그림을 안으로 들어가게 새기는 일을 말해요.

> ⬤ **백토**
> 하얀 흙을 말해요.

> ⬤ **자토**
> 붉은 흙을 말해요.

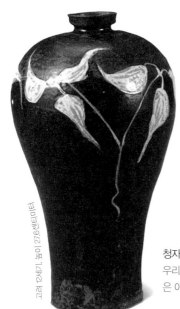

청자 잎 무늬 매병
우리가 알고 있는 청자와 같은 비색은 아니지만 청자에 속해요.

11세기경 강진과 부안 두 지역을 중심으로 질 좋은 청자들을 만들기 시작했어.

고려 자기의 아름답고 세련된 기법들은 도자기뿐만 아니라 기와나 타일 같은 건축 자재를 만드는 데에도 쓰였어요. 특히 비취색의 은은한 광택을 띤 비색 청자를 완성하였다는 점과 도자 예술의 새로운 경지를 개척한 '상감 기법'이 개발되었다는 점은 고려 자기 발전의 큰 성과라고 할 수 있어요.

고려, 지름 8.3센티미터

청자 모란 넝쿨무늬 막새
국립중앙박물관 기증실에서 볼 수 있어요.

고려, 12세기, 높이가 22.7센티미터

청자 참외 모양 병
고려 제17대 왕 인종의 무덤에서 발견되었어요. 색과 형태 면에서 모두 고려 청자를 대표하는 명품으로 꼽혀요.

고려, 12세기, 높이가 43.9센티미터

청자 연꽃 넝쿨무늬 매병
둥그스름한 어깨부터 완만한 허리를 거쳐 굽에 이르는 부드러운 선이 아름다운 병이에요. 몸 전체에는 연꽃 넝쿨무늬가 새겨져 있는데, 조각칼 같은 도구를 사용해서 표면에 홈을 내어 무늬를 만들었어요. 아름다운 무늬, 은은한 색, 부드러운 곡선이 어우러진 우수한 작품이에요.

상감 기법으로 청자를 만들어요

아름다운 고려청자의 중요한 특징 가운데 하나인 상감 기법은 그릇 표면에 무늬를 새기고 그 파인 부분에 하얀 흙이나 붉은 흙을 메워서 청자 유약을 입힌 뒤 구워서 만드는 방법을 말해요. 이렇게 바탕에 다른 물질을 박아 넣는 기법을 가리켜 상감이라고 하지요. 상감 기법은 이미 나전 칠기나 은입사 공예에서 폭넓게 이용되어 왔답니다. 고려 시대 장인들이 이러한 기법을 도자기에 도입한 것이지요. 상감 기법을 이용해 자기를 만드는 방법을 그림과 함께 알아보아요.

고려, 12세기, 높이가 33센티미터

청자 학 무늬 매병

마치 학들이 푸른 하늘을 날아다니는 것 같아!

❶ 원하는 그릇 모양을 만들고 적당히 말려요.

❷ 상감하려는 무늬를 뾰족한 도구로 파내요.

❸ 파낸 무늬에 붓으로 다른 색 흙을 채운 뒤 매끄럽게 긁어내요.

❹ 유약을 발라 잘 말린 뒤 구워요.

안타깝게 사라져 간 고려청자

안타깝게도 13세기 중반부터 고려청자는 몽골의 침입과 고려의 멸망으로 쇠퇴의 길을 걷게 되었어요. 우아한 곡선은 점점 투박하게 변했고, 유약의 색깔은 영롱한 비색이 아닌 짙은 녹갈색이나 황갈색을 띠었지요. 또한 14세기에 우리나라 남쪽에 왜구의 침입이 잦아지면서 강진에 있던 도자기를 굽는 장인들이 내륙으로 몸을 숨겼어요. 그러면서 청자의 질은 더욱더 떨어지고 말았어요.

오늘날 아무리 기술이 발달해도 고려 시대에 만들었던 청자의 아름다움을 흉내 낼 수 없다고 해요. 그 기술이 오늘날까지 이어져 오지 못했기 때문이에요.

> 고려 말, 질이 떨어진 상감 청자의 양식은 조선 시대로 이어져서 분청사기를 만든 토대가 되었대.

청자의 무늬와 종류

고려청자는 청자를 만드는 기법에 따라 여러 종류로 구분할 수 있어요.
청자의 종류에는 어떤 것들이 있는지 알아보며 다양한 청자의 아름다움을 느껴 보세요.

고려 12세기, 높이 43.9센티미터
**청자 연꽃무늬 매병
(음각 청자)**

고려 12세기, 높이 23센티미터
**청자 여의두 연꽃무늬 병
(양각 퇴화 청자)**
병 둘레에 하얀 흙을 찍어 점점이 나타냈어요. 점 아래 무늬는 양각 기법을 이용하여 표현했어요.

음각 청자　조각칼 같은 도구로 그릇 표면에 홈을 파 무늬를 새긴 청자예요. 음각 기법은 가늘고 예리한 선에서 점차 부드러운 선으로 변화했어요.

양각 청자　무늬 주변을 조각칼로 파내어 도드라지게 만든 청자예요. 화려한 무늬를 표현하는 데 이용해요.

상형 청자　인물이나 각종 동식물의 형상을 본떠 만든 청자를 말해요. 연꽃, 참외, 죽순, 오리, 원숭이, 상상 속의 동물 등 매우 다양한 소재를 자연스럽고 아름답게 표현했어요.

상감 청자　그릇 표면에 무늬를 새기고 그 파인 부분을 하얀 흙이나 붉은 흙으로 메워서 청자 유약을 입혀 구우면 하얀 흙을 넣은 부분은 흰색 무늬로, 붉은 흙을 넣은 부분은 검은색 무늬로 나타나요. 이렇게 상감 기법으로 구운 청자를 상감 청자라 하지요. 상감 기법의 개발은 세계 도자 역사상 빛나는 업적으로, 비색 청자 유약과 더불어 고려청자의 중요한 특징으로 꼽혀요. 12세기 중엽에 상감 청자가 매우 화려해지면서 크게 유행했어요.

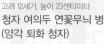

고려 12세기, 높이 21.1센티미터
청자 사자 무늬 향로(상형 청자)

고려 12세기 후반, 높이 33센티미터
청자 학 무늬 매병(상감 청자)

청자실을 둘러보며 아름다운 청자의 모습과 빛깔을 눈여겨보세요. 우리의 청자를 아끼고 사랑하는 마음을 갖는다면 고려청자는 늘 우리 마음 속에서 그 아름다움을 이어 나갈 거예요.

유물 퀴즈

다음 유물의 이름은 무엇일까요?

(39쪽 참고)

(   )

이 자기는 고려 제17대 왕, 인종의 무덤에서 발견되었어요. 색과 형태 면에서 모두 고려청자를 대표하는 명품으로 꼽혀요.

☞ 정답은 56쪽에

여기서 잠깐!

고려청자의 특징은?

다음 중 고려청자의 특징을 잘못 말한 친구는 누구일까요? (   )

은지

초기에는 중국의 영향을 많이 받아 짙은 색의 청자를 주로 만들었어.

두이

상감 기법은 아름다운 고려청자의 대표적인 특징이야.

혜민

고려청자를 만드는 기술은 지금까지 잘 보존되어 전해 오고 있어.

☞ 정답은 56쪽에

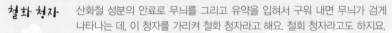

철화 청자 산화철 성분의 안료로 무늬를 그리고 유약을 입혀서 구워 내면 무늬가 검게 나타나는 데, 이 청자를 가리켜 철화 청자라고 해요. 철회 청자라고도 하지요.

퇴화 청자 붓을 이용하여 붉은 흙이나 하얀 흙으로 무늬를 그린 청자로 그릇 표면에 안료가 두껍게 발라져 무늬 부분이 도드라진 것이 특징이에요.

동화 청자 구리가 주성분인 안료를 사용하여 무늬를 그리고 청자 유약을 입혀서 구워 내면 무늬가 적갈색으로 나타나는데, 이 자기를 동화 청자라고 해요. 진사 청자라고도 하지요.

금채 청자 상감 청자의 유약 표면에 다시 금으로 무늬를 장식한 것을 금채 청자라고 해요.

투각 청자 무늬의 바깥 부분을 도려내어 만드는 청자예요. 작업 과정이 복잡하고 까다롭지요. 청자의 전성 기인 12세기에 많이 만들어졌어요.

고려 11~12세기, 높이 31.4센티미터.
청자 버드나무 무늬 병 (철화 청자)

고려 12세기, 높이(잔) 4.5센티미터
청자 잔과 잔 받침(동화 청자)

고려 12세기, 높이 15.3센티미터
청자 칠보 무늬 향로(투각 청자)

투박한 매력의 분청사기

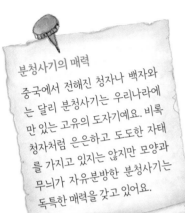

고려 말에 원나라의 침입으로 나라가 어수선해지자 도공들은 뿔뿔이 흩어져 숨어 있어야 했어요. 이 때문에 좋은 도자기를 만들 수 있는 재료를 구하는 것이 쉽지 않았지요. 그래서 청자를 만들어도 예전처럼 고운 빛깔이 나지 않았어요. 도공들은 궁리 끝에 그릇 겉에 하얀색 흙을 칠했어요. 상감 청자를 만들 때 하얀색을 내기 위해 채워 넣었던 흙을 이용한 것이지요.

이런 도자기는 마치 도자기 위에 분을 바른 것 같다고 해서 '분장회청사기'로 불렸고, 이것을 줄여서 '분청사기'로 불렀어요. 그럼, 분청사기를 구경하러 떠나 볼까요?

분청사기의 매력
중국에서 전해진 청자나 백자와는 달리 분청사기는 우리나라에만 있는 고유의 도자기예요. 비록 청자처럼 은은하고 도도한 자태를 가지고 있지는 않지만 모양과 무늬가 자유분방한 분청사기는 독특한 매력을 갖고 있어요.

분청사기의 다양한 종류

분청사기는 고려 말의 상감 청자에서 비롯되어 조선 전기인 15~16세기에 걸쳐 약 150년간 사용했어요. 분청사기는 비록 우리나라 도자기 역사에서 짧은 기간을 차지했지만 어느 도자기보다도 한국적인 아름다움을 담고 있지요.

분청사기는 1450~1470년경 전성기를 누렸는데, 다양한 방법으로 무늬를 낸 분청사기가 등장했지요. 큰 붓으로 칠하기도 하고, 도장으로 찍듯이 무늬를 내기도 했으며, 흰 흙을 풀어 놓은 물에 그릇을 덤벙 담가 무늬를 내기도 했지요. 이런 방법에 따라 귀얄, 인화, 분장, 박지, 조화 등의 이름을 붙였어요. 각각 어떤 무늬인지 전시된 분청사기와 함께 알아보아요.

다음 유물에 대해 바르게 설명한 것을 고르세요. (   )   (40쪽 참고)

❶ 무늬의 바깥 부분을 도려내어 만들었어요.
❷ 붓을 이용해 붉은 흙이나 하얀 흙으로 무늬를 그렸어요.
❸ 그릇 표면에 무늬를 새긴 뒤 파인 곳을 흰 흙이나 붉은 흙으로 메웠어요.

☞ 정답은 56쪽에

시기와 기법별로 분청사기가 전시되어 있어서 각 특징을 이해하기가 쉽단다.

분청사기의 무늬와 종류

분청사기는 무늬를 어떻게 꾸미느냐에 따라 그 종류가 달라요.
청자와는 다른, 분청사기만의 독특한 기법에는 어떤 것들이 있는지 알아볼까요?

조선 15세기 후반~16세기, 높이 6.7센티미터

분청사기 귀얄 무늬 대접
'귀얄'이라는 큰 붓으로 흰 흙을 묻혀 쓱쓱 바르는 방법이에요. 자연스러운 붓 자국이 멋스럽지요.

조선 15세기 후반~16세기, 높이 9센티미터

분청사기 분장 무늬 사발
'분장'이란 흰 흙을 풀어 놓은 물에 그릇 굽다리를 잡고 거꾸로 덤벙 담갔다 꺼내는 방법이에요. 그래서 '덤벙'이라고도 해요.

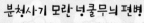

조선, 높이 21.8센티미터

분청사기 모란 넝쿨무늬 편병
'조화'란 분을 바른 뒤 원하는 무늬를 선으로 새기는 방법이에요.

분청사기 인화 무늬 병
'인화'는 '꽃도장'이라는 뜻이에요. 그러나 꼭 꽃 모양만 찍는 것은 아니에요. 단순한 무늬를 도장 찍듯 반복해서 찍는 것도 포함해요.

조선 15세기, 높이 27센티미터

분청사기 모란 넝쿨무늬 항아리
그릇에 분을 바른 뒤 무늬를 그리고, 바탕을 굵어내어 아래 흙 색깔이 드러나게 하는 '박지' 방법으로 만든 도자기예요.

조선 15세기 후반, 높이 45센티미터

백자의 등장으로 사라진 분청사기

개성이 강한 분청사기들이 많이 만들어졌음에도 불구하고 분청사기는 서서히 쇠퇴의 길을 걷게 되었어요. 1467~1468년 경기도 광주에 관요가 설치된 이후 국가에서 백자 등 필요한 그릇을 직접 만들면서 지방의 분청사기 가마들은 점차 지방 관청과 일반 백성을 위한 도자기를 만들게 되었기 때문이지요. 백자의 생산량이 늘어났지만 분청사기의 질은 떨어진 것이에요.

15세기 말부터 16세기 전반에 유행한 귀얄 분청사기와 분장 분청사기를 끝으로 분청사기는 16세기 중엽에 사라졌어요.

관요
고려와 조선 시대에, 개인이 아닌 관청에서 운영하던 가마를 말해요.

여기서 잠깐!

어떤 분청사기일까요?
보기에 있는 무늬의 분청사기는 어떤 무늬의 분청사기일까요?

보기

(   ) 무늬

☞ 정답은 56쪽에

이렇게 이름을 새겨 넣으면서 분청사기의 품질이 더 좋아졌대.

분청사기에 새겨진 글씨

분청사기에 글씨가 쓰여 있는 것을 '명문분청'이라고 불러요. 왜 이런 분청사기를 만들었을까요?

옛날에 궁궐에서 연회나 여러 가지 행사를 할 때면 각 관청에서 분청사기를 빌려 사용했어요. 그런데 분청사기를 돌려줄 때 깨졌다는 핑계로 5분의 1 정도만 가져다주는 사례가 자주 있었어요. 이런 것을 방지하기 위해 조선 태종 17년(1417)에 장흥고*에 바치는 분청사기에는 아예 바치는 지역과 관청의 이름을 써넣도록 했어요. 그렇게 함으로써 개인이 관청의 이름이 적힌 분청사기를 몰래 사용할 수 없게 되었지요. 분청사기에서 확인할 수 있는 관청 이름은 '장흥고', '인수부', '내섬시' 등이 있어요. 주로 경상도 지역에서 명문이 새겨진 분청사기가 출토되었어요.

조선 15세기, 높이 8.3센티미터
'삼가인수부'가 새겨진 분청사기 마상배*

*장흥고 : 옷감과 종이 등을 관리하는 관청으로 고려 충렬왕 때(1308년) 설치되었어요.
*마상배 : 말 위에서 술을 마실 때 쓰던 잔이에요.

순수한 아름다움을 지닌 백자

조선 시대를 대표하는 도자기는 백자예요. 백자는 청자나 분청사기보다 훨씬 만들기가 어려운 도자기예요. 청자를 만들 수 있는 흙은 쉽게 구할 수 있는 데 비해 백자를 만들 수 있는 흙은 구하기가 어려웠거든요. 또한 청자는 1천200도에서 1천300도 사이에서 굽는 반면, 백자는 1천300도가 넘는 온도에서 구워야 했기 때문에 더 뛰어난 기술이 필요했어요.

그럼 분청사기와 함께 조선을 대표하는 자기이면서, 조선과 역사를 함께한 백자를 감상해 볼까요?

✿ 지향
어떤 목표를 향하여 나아가는 것을 말해요.

조선의 정신이 깃든 백자

여러분은 백자 하면 맨 먼저 무엇이 떠오르나요? 우윳빛에 아무런 무늬도 없는 백자 항아리가 떠오르지 않나요? 오른쪽에 있는 백자 달 항아리와 같은 모습 말이에요. 마치 둥근 보름달 같아서 달 항아리라고 불리는 이 백자는 백자의 기본이라 할 수 있어요.

조선 17세기, 높이 41센티미터
백자 달 항아리

화려한 무늬도 없고 모양이 단정한 백자에는 절제와 순수, 검소함을 지향하는 조선 왕조의 뜻이 담겨 있으며 백성들의 소박한 삶이 녹아 있어요. 즉, 백자에는 조선의 정신이 깃들어 있다고 할 수 있지요. 그래서 조선 시대에는 왕실에서부터 일반 백성에 이르기까지 모든 계층이 백자를 사랑했어요.

분청사기는 짧은 기간 동안 만들어졌지만 백자는 조선 시대 전 기간에 걸쳐 만들어졌대.

45

조선백자의 중심, 분원 관요

조선 시대에 백자는 왕실과 나라에서 쓸 백자를 만들던 '분원'의 설치와 운영에 따라 발전하고 쇠퇴하며, 조선과 역사를 함께 했어요.

세종 대왕 때부터 왕이 '어기'로 백자를 사용하였기 때문에 조선 왕실에는 많은 양의 백자가 필요했어요. 그래서 세조 말에서 예종 초에는 **사용원**에 소속된 '분원'을 경기도 광주에 설치해 왕실용 백자를 만드는 '**관요**'의 역할을 담당하게 했어요.

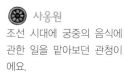

사용원
조선 시대에 궁중의 음식에 관한 일을 맡아보던 관청이에요.

관요
조선 시대에 관청에서 운영하던 가마를 말해요.

> 구리를 이용한 안료를 칠하면 붉은색, 산화철을 이용한 안료를 칠하면 흑갈색이 나는군.

1965년 국립중앙박물관 발굴
경기도 광주 도마리 가마터에서 출토된 청화 백자 조각

백자의 무늬와 종류

백자의 기본은 아무런 무늬가 없는 순백자예요. 순백자의 순백색 바탕에 어떤 종류의 안료를 사용하여 무늬를 장식하느냐에 따라 상감 백자, 청화 백자, 철화 백자, 동화 백자로 구분하지요.

조선 15세기, 높이 7.6센티미터
백자 연꽃 넝쿨무늬 대접 (상감 백자)

상감 백자 그릇의 표면에 가는 금이 그물처럼 번져 있고 부드러운 우윳빛을 띠어요. 그릇의 모양이나 무늬가 상당히 세련되었지요.

청화 백자 코발트가 주성분인 안료를 사용하여 푸른색 무늬를 그린 백자를 청화 백자라고 해요. 청화 안료는 대부분 중국 수입품에 의존하였기 때문에 구하기도 어렵고 값이 매우 비쌌어요. 그런데 청화 백자를 찾는 사람들은 점점 많아지고, 안료를 수입하기가 어려워지자 세조 때에는 국내산 청화 안료를 개발하기 위해 많은 노력을 했어요.

백자 쌍학 무늬 항아리(청화 백자)

경기도 광주에 관요를 두어 백자를 만든 것은 기본적으로 좋은 바탕흙인 광주토와 땔감이 풍부했기 때문이에요. 더욱이 한양(현재의 서울)과 지리적으로 가깝기 때문에 한강을 이용하여 백자를 왕실까지 쉽게 운반할 수 있었지요. 이처럼 광주는 도자기 생산지로서 가장 알맞은 조건을 갖추어 백자의 중심지로 이름을 떨쳤어요.

유물 퀴즈

다음 자기 가운데 종류가 다른 하나는 무엇일까요? (   ) (43, 45쪽 참고)

❶   ❷   ❸

☞ 정답은 56쪽에

여기서 **잠깐!**

써 보세요.
조선 시대에 경기도 광주가 백자의 중심지가 된 이유는 무엇인가요?

_____

_____

☞ 정답은 56쪽에

한글이 새겨진 백자

보물 제1060호로 지정된 '백자 철화 끈 무늬 병'은 풍만함과 부드러운 곡선이 잘 살아 있는 조선 초기의 백자 병이에요. 그런데 이 백자의 안쪽 굽 바닥에는 뜻을 알 수 없는 '니ㄴ히'라는 한글이 새겨져 있어요. 이것은 이 백자가 훈민정음이 창제된 뒤에 만들어졌다는 것을 말해 주지요.

철화 백자 산화철 안료를 사용하여 흑갈색 무늬를 그린 것으로 철회 백자라고도 해요. 17세기에는 철화 백자가 본격적으로 유행했어요. 특히 생활 자기로 생산되었기 때문에 임진왜란 이후부터 조선 시대 말까지 주로 일반 서민들이 많이 사용했어요.

백자 철화 끈 무늬 병(철화 백자)
잘록한 목에 산화철 안료로 한 가닥 끈을 휘감아 자연스럽게 늘어뜨린 표현이 매우 흥미롭지요?

조선 16세기 후반, 높이 31.4㎝, 국립중앙박물관

동화 백자 붉은색으로 나타나는 구리 성분의 안료로 그림을 그리거나 그릇 표면에 칠을 입힌 백자를 동화 백자라고 해요. 다른 말로는 진사 백자라고도 하지요. 우리나라 도자기는 붉은색으로 장식한 예가 매우 드물기 때문에 조선백자 중에서도 동화 백자는 손가락에 꼽을 정도로 희귀하지요.

백자 복숭아 모양 연적 (동화 백자)
복숭아의 붉은 빛깔을 잘 살린 재미있는 모양의 연적이에요.

조선 19세기, 높이 10.5㎝, 삼성미술관

도공들의 열정으로 만든 도자기

오늘날 우리가 감탄해 마지않는, 아름다운 도자기를 만든 도공들은 당시에는 크게 인정받지 못했어요. 고려 시대와 조선 시대에 도자기 만드는 곳을 따로 지정하여 나라에서 직접 운영하며 감독했을 만큼 도자기를 중요한 재산으로 여겼지만 정작 그것을 만드는 도공들은 단순한 기술자라고 생각하며 천하게 여긴 것이지요. 그래서 대부분의 도공들은 가난하게 살았어요.

도자기를 만들 때 가장 중요한 것은 무엇일까요? 보통 흙과 불이 중요하다고 생각하지요? 맞아요. 그러나 정말 중요한 것이 또 있어요. 바로, 도공들의 열정이에요. 도공들은 질 좋은 흙을 찾아서 전국 방방곡곡을 돌아다니는 것은 기본이었어요. 초벌구이가 끝나고도 가마를 식히기 위해 4~5일간 도자기를 그대로 두었고, 유약을 바르고 재벌구이를 할 때도 가마의 온도를 유지하기 위해 불을 때는 데 정성을 다했지요. 여기에 가마를 식히는 데도 5~6일이나 걸렸어요.

도자기가 만들어지기까지

아름다운 도자기 하나가 완성되기까지 도공들은 어떤 과정을 겪으며 노력을 들일까요?
아래 그림을 보며 도자기가 만들어지는 과정을 함께 알아보아요.

❶ 좋은 흙을 찾아 돌아다녀요. 옛 가마터가 발견된 강진이나 이천은 좋은 흙이 있기로 유명한 곳이에요.

❷ 흙의 불순물을 골라낸 뒤 반죽을 해요.

❸ 원하는 모양을 만들어요.

❹ 원하는 도자기 모양이 완성되면 도자기 표면에 무늬를 넣어요.

이렇게 흙을 구하고 모양을 빚고 그릇을 구워 내기까지 열흘이 훨씬 넘게 걸렸어요. 그러고 나서 나온 도자기들 중에서 완벽하지 않은 것은 깨 버렸어요. 이러한 도공들의 열정이 없었다면 아름다운 도자기는 결코 탄생할 수 없었을 거예요.

여러분이 잘 아는 임진왜란은 '도자기 전쟁'이라고도 해요. 왜냐하면 임진왜란 때 조선의 도공이 일본으로 많이 끌려갔기 때문이에요. 그들은 일본의 여러 지역에 정착하여 대접, 접시, 항아리 등의 생활용품을 다량으로 만들었어요. 그뿐만 아니라 일본인들이 보물처럼 생각하는 좋은 다완*을 많이 만들어 주었어요. 당시 일본에는 도자 기술이 없었기 때문에 조선의 도공들이 기술을 전수해 준 것이지요.

일본에 끌려간 대표적인 도공으로 이삼평과 심수관이 있어요. 이들은 열악한 환경에서도 흙을 구하고, 가마를 만들어 도자기를 구웠어요. 그리하여 질 좋은 도자기를 많이 만들어 냈지요. 또한 이전까지 유럽에 자기를 수출하던 청나라가 내란으로 수출을 못 하게 되자 일본의 자기가 유럽에 전해졌는데, 바로 조선 도공들이 만든 자기가 기반이 되었답니다.

*다완 : 일본 사람들이 가루로 된 차를 마실 때 사용하는 사발이에요.

엄청난 시간과 노력을 들여야 도자기가 탄생하는구나!

대단해요!

❺ 완성된 도자기를 잘 말린 뒤 뜨거운 가마에 넣고 초벌구이를 해요.

❻ 초벌구이를 한 도자기에 유약을 바른 뒤 재벌구이를 해요.

❼ 가마에서 도자기를 꺼내면 완성! 그러나 유약이 고르게 발리지 않았거나 금이 간 도자기는 가차 없이 깨 버려요.

미술관을 나서며......

　국립중앙박물관 미술관에서 알아본 우리나라 전통 예술이 어땠나요? 각 전시실마다 다양한 유물들이 들려주는 이야기를 잘 들었나요?

　서예가 단순한 글씨가 아니라 글 쓰는 이의 심성이 묻어 나오는 작품이라는 것을 알게 되었을 거예요. 또한 정선은 자연을 어떻게 바라보고 산수화를 그렸는지, 왜 초상화는 사실적으로 그렸는지 이해했지요? 이와 더불어 어렵게 보였던 불교 회화도 이제는 친숙하지 않은가요? 부처의 은은한 미소와 반가사유상의 아름다운 자태에서 선조들의 경건한 마음을 엿보았을 거예요.

국립중앙박물관의 미술관을 둘러본 느낌이 어때?

정말 멋지고 아름다운 우리나라의 미술 작품을 볼 수 있어서 좋았어.

고려청자부터 분청사기, 조선백자로 이어지는 도자기를 보면 단순히 꽃을 꽂아 두는 꽃병이나 밥을 먹는 그릇으로서가 아니라 그것에 어떠한 아름다움이 존재하고, 어떤 모양의 그릇을 실생활에 사용하였는지 알 수 있어요.

시대는 다르지만 한반도라는 같은 지역에서 살아온 사람들의 공통적인 생각과 삶을 유물을 통해서 엿볼 수 있지요? 또한 시대에 따라 변화된 글씨, 그림, 도자기를 비롯한 여러 공예품들을 통해서 우리 민족의 긴 역사를 느낄 수 있을 거예요. 이렇게 여러 유물을 통해 과거와 이야기를 나누는 거예요. 여러분도 즐거운 대화를 나눌 수 있었으면 좋겠어요.

조상들이 만든 멋진 예술품을 아끼고 사랑하는 마음을 가진다면 우리도 후손에게 멋진 예술품을 남겨 줄 수 있을 거야.

나는 미술관 박사!

국립중앙박물관 미술관을 통해 시대에 따라 변해 온 전통 예술의 멋을 느낄 수가 있었어요. 종교에 관련된 유물, 서민들의 삶을 보여 주는 유물 등에 담긴 다양한 의미들을 다시 한 번 되짚어 보면서 미술관에 관련된 문제를 풀어 보세요.

① 알맞게 선을 이어 보세요.

다음 유물들은 미술관에 전시되어 있는 유물들이에요. 각 유물과 유물의 이름, 바른 설명을 골라 선으로 이어 보세요.

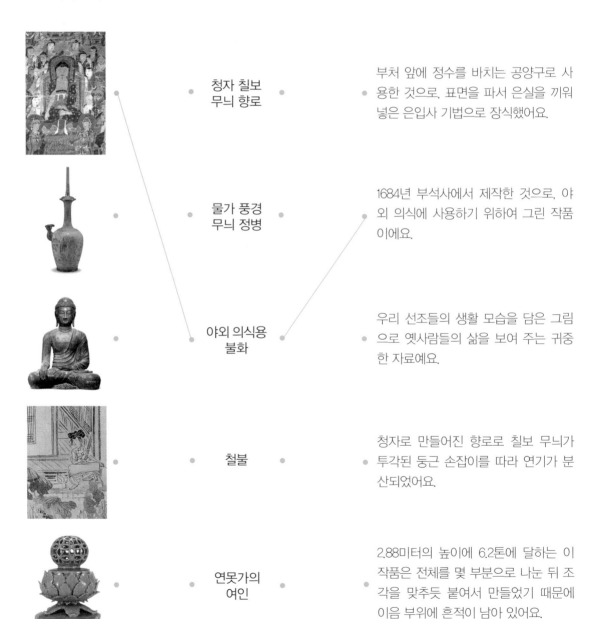

청자 칠보
무늬 향로

물가 풍경
무늬 정병

야외 의식용
불화

철불

연못가의
여인

부처 앞에 정수를 바치는 공양구로 사용한 것으로, 표면을 파서 은실을 끼워 넣은 은입사 기법으로 장식했어요.

1684년 부석사에서 제작한 것으로, 야외 의식에 사용하기 위하여 그린 작품이에요.

우리 선조들의 생활 모습을 담은 그림으로 옛사람들의 삶을 보여 주는 귀중한 자료예요.

청자로 만들어진 향로로 칠보 무늬가 투각된 둥근 손잡이를 따라 연기가 분산되었어요.

2.88미터의 높이에 6.2톤에 달하는 이 작품은 전체를 몇 부분으로 나눈 뒤 조각을 맞추듯 붙여서 만들었기 때문에 이음 부위에 흔적이 남아 있어요.

② 도전! 골든벨 O, X 퀴즈

다음은 우리나라의 도자기에 대한 설명이에요. O 또는 X로 답하세요.

(1) 도자기는 흙으로 만들어 불에 구워 낸 그릇을 말하는데, 1천300도가 넘는 온도에서 구운 것을 '도기'라고 부르고, 그보다 낮은 온도에서 구운 것을 '자기'라고 불러요. (   )

(2) 고려 시대에 개발된 상감 기법은 세계 도자 역사에서도 빛나는 업적이에요. (   )

(3) 분청사기의 무늬를 꾸미는 방법 가운데 '박지'는 큰 붓에 흰 흙을 묻혀 쓱쓱 바르는 방법이에요. (   )

(4) 백자 달 항아리 같은 소박하고 꾸밈이 없는 백자에는 절제와 순수, 검소함을 지향하는 조선 왕조의 뜻이 담겨 있어요. (   )

(5) 조선 시대에 경기도 광주는 기본적으로 좋은 바탕흙인 광주토와 땔감이 풍부해서 도자기 생산지로서 알맞은 조건을 갖추었어요. (   )

(6) 동화 백자는 산화철 안료를 사용하여 흑갈색 무늬를 그린 것을 말해요. (   )

③ 비교해 보세요.

왼쪽의 그림은 궁중 회화인 '정조의 현륭원 행차'이고, 오른쪽 그림은 용맹한 호랑이를 그린 민화예요. 조선 시대에 그려진 궁중 회화와 민화는 어떻게 다른지 그 특징을 써 보세요.

정답은 56쪽에

상감 청자 만들기

우리 조상들은 예로부터 뛰어난 기술로 아름다운 도자기를 많이 만들었어요. 그중 하나가 상감 청자예요.
다양한 무늬를 새겨 흰 흙이나 붉은 흙으로 채운 뒤 구워 내 독특한 멋을 지닌 고려 시대의 청자이지요.
여러분도 직접 상감 청자를 만들 수 있어요. 어려울 것 같다고요?
아래의 방법대로 따라 하다 보면 어느새 자신만의 특별한 상감 청자가 완성되어 있을 거예요.
그럼, 함께 만들어 볼까요?

바닥에 신문지를 깔고 하면 나중에 정리하기가 쉬울 거야.

준비물 지점토, 고무 찰흙, 이쑤시개, 신문지

이렇게 만들어요

상감 청자를 만드는 방법이 궁금하지요? 아래 나온 순서를 보면 도움이 될 거예요.
어떤 모양과 무늬를 만들지 생각해 보고, 자신만의 상감 청자를 만들어 보아요.

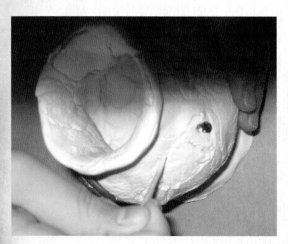

① 맨 먼저 원하는 그릇 모양을 만들고 적당히 말려요. 그런 다음 이쑤시개나 끝이 뾰족한 도구를 사용해
상감하려는 무늬를 새겨요. 꽃무늬, 구름무늬, 물고기 무늬 등 자유롭게 새겨 보아요.

나도 얼른 나만의 상감 청자를 만들어 볼래.

❷ 새긴 무늬에 다양한 색깔의 고무 찰흙을 채워 넣은 뒤 잘 말려요.

❸ 짜잔! 상감 청자가 완성되었어요.

여기서 잠깐!

17쪽 1. 실물과 똑같이 사실적으로 그렸어요.
2. 그림 안에 성품까지 담아내고자 했어요.

20쪽 ④

31쪽 보살은 머리에 화려하고 높은 관을 쓰고 귀고리, 목걸이, 팔찌 같은 장신구를 하고 있어요. 부처는 꼬불꼬불한 나선형 모양의 머리카락을 가지고 있으며, 육계가 크고 평평해요. 이마에는 백호를 뜻하는 구멍이 나 있어요.

35쪽 ②

41쪽 혜민

44쪽 (귀얄) 무늬

47쪽 기본적으로 좋은 광주토와 땔감이 풍부했고, 한양과 가까워 자기를 쉽게 운반할 수 있었어요.

유물 퀴즈

10쪽 태사자 낭공 대사 비석

17쪽

　　(①)　　　　　(②)

23쪽 ③

31쪽 '연가 칠년'이 새겨진 부처

35쪽 사리

37쪽 ②

41쪽 청자 참외 모양 병

43쪽 ③

47쪽 ①

나는 미술관 박사!

1 알맞게 선을 이어 보세요.
다음 유물들은 미술관에 전시되어 있는 유물들이에요. 각 유물과 유물의 이름, 바른 설명을 골라 선으로 이어 보세요.

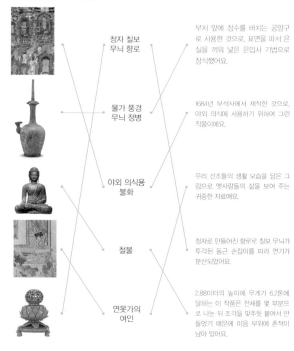

2 도전! 골든벨 O, X 퀴즈
다음은 우리나라의 도자기에 대한 설명이에요. O 또는 X로 답하세요.

(1) 도자기는 흙으로 만들어 불에 구워 낸 그릇을 말하는데, 1천300도가 넘는 온도에서 구운 것을 '도기'라고 부르고, 그보다 낮은 온도에서 구운 것을 '자기'라고 불러요. (X)
(2) 고려 시대에 개발된 상감 기법은 세계 도자 역사에서도 빛나는 업적이에요. (O)
(3) 분청사기의 무늬를 꾸미는 방법 가운데 '박지'는 큰 붓에 흰 흙을 묻혀 쓱쓱 바르는 방법이에요. (X)
(4) 백자 달 항아리 같은 소박하고 꾸밈이 없는 백자에는 절제와 순수, 검소함을 지향하는 조선 왕조의 뜻이 담겨 있어요. (O)
(5) 조선 시대에 경기도 광주는 기본적으로 좋은 바탕흙인 광주토와 땔감이 풍부해서 도자기 생산지로서 알맞은 조건을 갖추었어요. (O)
(6) 동화 백자는 산화철 안료를 사용하여 흑갈색 무늬를 그린 것을 말해요. (X)

3 비교해 보세요.
왼쪽의 그림은 '정조의 현륭원 행차'로, 궁중 회화이고, 오른쪽 그림은 용맹한 호랑이를 그린 민화예요. 조선 시대에 그려진 궁중 회화와 민화는 어떻게 다른지 그 특징을 써 보세요.

궁중 회화는 왕실과 국가의 위엄을 보여 주는 것으로, 왕의 취향이 그림에 큰 영향을 미쳤어요. 또 나라에서 길러 내는 화가들이 모인 도화서에서 주로 그렸어요.
반면 민화는 서민들 사이에서 유행하던 그림이에요. 누가 그렸는지도 정확히 알 수 없지요. 그림의 수준이 뛰어나지는 않지만 익살스러움과 소박한 멋이 담겨 있어요.

사진 출처

국립중앙박물관
(중박200810-398)

9p(황초령 신라 진흥왕 순수비 탁본, 태사자 낭공 대사 비석, 태사자 낭공 대사 비석에 집자된 김생의 글씨), 11p(석봉 한호가 쓴 두보 시, 추사 김정희가 쓴 묵소거사 자찬), 12p(달마), 13p(서직수 초상, 강세황 초상) 14p(몽유도원도, 금강산 중 총석정), 15p(헤엄치는 오리, 물고기와 게, 연못가의 여인, 기와 올리기), 16p(일월오봉도, 정조의 현릉원 행차), 17p(용맹한 호랑이), 18p(야외 의식용 불화), 20p(영취산에서 설법하는 석가모니불), 22p(강화 반닫이), 23p(연상, 서안), 24p(의걸이장, 해주반, 호족반, 나전 칠기 포도 무늬 서류함, 화각함), 29p('연가 칠년'이 새겨진 부처, 비로자나 부처), 30p(금동 미륵보살 반가 사유상 두 점, 감산사 석조 미륵보살 입상, 감산사 석조 아미타불 입상), 31p(철불), 32p(감은사지 삼층 석탑(서탑) 사리갖춤), 33p(감은사지 삼층 석탑(동탑) 집 모양 사리 그릇, 천흥사 종), 34p(청곡사 향완, 물가 풍경 무늬 정병, 꾸미개, 잔과 잔 받침), 35p(거울걸이, 천흥사 종), 36p(빗살무늬 토기, 민무늬 토기), 37p(청자 참외 모양 병, 분청사기 모란 무늬 장군, 백자 달 항아리), 38p(청자 잎 무늬 매병), 39p(청자 모란 넝쿨무늬 막새, 청자 참외 모양 병, 청자 연꽃 넝쿨무늬 매병, 청자 학 무늬 매병), 40p(청자 연꽃무늬 매병, 청자 어의두 연꽃무늬 병, 청자 사자 무늬 향로, 청자 학 무늬 매병), 41p(청자 비드니무 무늬 병, 청자 잔과 잔 받침, 청자 칠보 무늬 향로), 43p(분청사기 귀얄 무늬 대접, 분청사기 분장 무늬 사발, 분청사기 모란 넝쿨무늬 편병, 분청사기 인화 무늬 병, 분청사기 모란 넝쿨무늬 항아리), 44p('삼가인수부'가 새겨진 분청사기 마상배), 45p(백자 달 항아리), 46p(경기도 광주 도마리 가마터에서 출토된 청화 백자 조각, 백자 연꽃 넝쿨무늬 대접, 백자 쌍학 무늬 항아리), 47p(백자 철화 끈 무늬 병, 백자 복숭아 모양 연적)

주니어김영사

3p(국립중앙박물관 전경), 21p(사천왕상 모두), 33p(감은사지 삼층 석탑—동탑과 서탑), 50~51p(국립중앙박물관 내부, 국립중앙박물관 전경, 고고관 입구), 54~55p(체험학습 사진)

위키피디아

30p(목조 미륵보살 반가 사유상), 37p(컵과 받침)

※ 이 책의 사진은 해당 사진을 소장하고 있는 곳과 저작권자의 허락을 받아 실었습니다. 저작권자를 찾지 못하여 게재 허락을 받지 못한 사진은 저작권자를 확인하는 대로 다음 쇄를 찍을 때 반영하겠습니다.

초등학교 교과서와 관련된 학년별 현장 체험학습 추천 장소

1학년 1학기 (21곳)	1학년 2학기 (18곳)	2학년 1학기 (21곳)	2학년 2학기 (25곳)	3학년 1학기 (31곳)	3학년 2학기 (37곳)
철도박물관	농촌 체험	소방서와 경찰서	소방서와 경찰서	경희대자연사박물관	IT월드(과천정보나라)
소방서와 경찰서	광릉	서울대공원 동물원	서울대공원 동물원	광릉수목원	강원도
시민안전체험관	홍릉 산림과학관	농촌 체험	강릉단오제	국립민속박물관	경희대자연사박물관
천마산	소방서와 경찰서	천마산	천마산	국립서울과학관	광릉수목원
서울대공원 동물원	월드컵공원	남산골 한옥마을	월드컵공원	국립중앙박물관	국립경주박물관
농촌 체험	시민안전체험관	한국민속촌	남산골 한옥마을	기상청	국립고궁박물관
코엑스 아쿠아리움	서울대공원 동물원	국립서울과학관	한국민속촌	서대문자연사박물관	국립국악박물관
선유도공원	우포늪	서울숲	농촌 체험	선유도공원	국립부여박물관
양재천	철새	갯벌	서울숲	시장 체험	국립서울과학관
한강	코엑스 아쿠아리움	양재천	양재천	신문박물관	남산
에버랜드	짚풀생활사박물관	동굴	선유도공원	경상북도	남산골 한옥마을
서울숲	국악박물관	고성 공룡박물관	불국사와 석굴암	양재천	롯데월드 민속박물관
갯벌	천문대	코엑스 아쿠아리움	국립중앙박물관	경기도	국립민속박물관
고성 공룡박물관	자연생태박물관	옹기민속박물관	국립민속박물관	이화여대자연사박물관	삼성어린이박물관
서대문자연사박물관	세종문화회관	기상청	전쟁기념관	전쟁기념관	서대문자연사박물관
옹기민속박물관	예술의 전당	시장 체험	판소리	천마산	선유도공원
어린이 교통공원	어린이대공원	에버랜드	DMZ	한강	소방서와 경찰서
어린이 도서관	서울놀이마당	경복궁	시장 체험	화폐금융박물관	시민안전체험관
서울대공원		강릉단오제	광릉	호림박물관	경상북도
남산자연공원		몽촌역사관	홍릉 산림과학관	홍릉 산림과학관	월드컵공원
삼성어린이박물관		국립현대미술관	국립현충원	우포늪	육군사관학교
			국립4·19묘지	소나무 극장	해군사관학교
			지구촌민속박물관	예지원	공군사관학교
			우정박물관	자운서원	철도박물관
			한국통신박물관	서울타워	이화여대자연사박물관
				국립중앙과학관	제주도
				엑스포과학공원	천마산
				올림픽공원	천문대
				전라남도	태백석탄박물관
				경상남도	판소리박물관
				허준박물관	한국민속촌
					임진각
					오두산 통일전망대
					한국천문연구원
					종이미술박물관
					짚풀생활사박물관
					토탈야외미술관

4학년 1학기 (34곳)	4학년 2학기 (56곳)	5학년 1학기 (35곳)	5학년 2학기 (51곳)	6학년 1학기 (36곳)	6학년 2학기 (39곳)
강화도	IT월드(과천정보나라)	갯벌	IT월드(과천정보나라)	경기도박물관	IT월드(과천정보나라)
갯벌	강화도	광릉수목원	강원도	경복궁	KBS 방송국
경희대자연사박물관	경기도박물관	국립민속박물관	경기도박물관	덕수궁과 정동	경기도박물관
광릉수목원	경복궁 / 경상북도	국립중앙박물관	경복궁	경상북도	경복궁
국립서울과학관	경주역사유적지구	기상청	덕수궁과 정동	고성 공룡박물관	경희대자연사박물관
기상청	경희대자연사박물관	남산골 한옥마을	경상북도	국립민속박물관	광릉수목원
농촌 체험	고창, 화순, 강화 고인돌유적	농업박물관	경희대자연사박물관	국립서울과학관	국립민속박물관
서대문자연사박물관	전라북도	농촌 체험	고인쇄박물관	국립중앙박물관	국립중앙박물관
서대문형무소역사관	고성 공룡박물관	서울국립과학관	충청도	농업박물관	국회의사당
서울역사박물관	충청도	서울대공원 동물원	광릉수목원	롯데월드 민속박물관	기상청
소방서와 경찰서	국립경주박물관	서울숲	국립공주박물관	몽촌토성과 풍납토성	남산
수원화성	국립민속박물관	서울시청	국립경주박물관	민주화현장	남산골 한옥마을
시장 체험	국립부여박물관	서울역사박물관	국립고궁박물관	백범기념관	대법원
경상북도	국립서울과학관	시민안전체험관	국립민속박물관	서대문자연사박물관	대학로
양재천	국립중앙박물관	경상북도	국립서울과학관	서대문형무소 역사관	민주화 현장
옹기민속박물관	국립국악박물관 / 남산	양재천	국립중앙박물관	서울역사박물관	백범기념관
월드컵공원	남산골 한옥마을	강원도	남산골 한옥마을	조선의 왕릉	아인스월드
철도박물관	농업박물관 / 대법원	월드컵공원	농업박물관	성균관	서대문자연사박물관
이화여대자연사박물관	대학로	유명산	롯데월드 민속박물관	시민안전체험관	국립서울과학관
천마산	롯데월드 민속박물관	제주도	충청도	경상북도	서울숲
천문대	몽촌토성과 풍납토성	짚풀생활사박물관	서대문자연사박물관	암사동 선사주거지	신문박물관
철새	불국사와 석굴암	천마산	성균관	운현궁과 인사동	양재천
홍릉 산림과학관	서대문자연사박물관	한강	세종대왕기념관	전쟁기념관	월드컵공원
화폐금융박물관	서울대공원 동물원	한국민속촌	수원화성	천문대	육군사관학교
선유도공원	서울숲	호림박물관	시민안전체험관	철새	이화여대자연사박물관
독립공원	서울역사박물관	홍릉 산림과학관	시장 체험 / 신문박물관	청계천	중남미박물관
탑골공원	조선의 왕릉	하회마을	경기도	짚풀생활사박물관	짚풀생활사박물관
신문박물관	세종대왕기념관	대법원	강원도	태백석탄박물관	창덕궁
서울시의회	수원화성	김치박물관	경상북도	해인사 고려대장경과 장경판전	천문대
선거관리위원회	승정원 일기 / 양재천	난지하수처리사업소	옹기민속박물관	호림박물관	우포늪
소양댐	옹기민속박물관	농촌, 어촌, 산촌 마을	운현궁과 인사동	유니세프 한국위원회	판소리박물관
서남하수처리사업소	월드컵공원	들꽃수목원	육군사관학교	무령왕릉	한강
중랑구재활용센터	육군사관학교	정보나라	이화여대자연사박물관	현충사	홍릉 산림과학관
중랑하수처리사업소	철도박물관	드림랜드	전라북도	덕포진교육박물관	화폐금융박물관
	이화여대자연사박물관	국립극장	전쟁박물관	서울대학교 의학박물관	훈민정음
	조선왕조실록 / 종묘		창경궁 / 천마산	상수허브랜드	상수도연구소
	종묘제례		천문대		한국자원공사
	창경궁 / 창덕궁		태백석탄박물관		동대문소방서
	천문대 / 청계천		한강		중앙119구조대
	태백석탄박물관		한국민속촌		
	판소리 / 한강		해인사 고려대장경과 장경판전		
	한국민속촌		화폐금융박물관		
	해인사 고려대장경과 장경판전		중남미문화원		
	호림박물관		첨성대		
	화폐금융박물관		절두산순교성지		
	훈민정음		천도교 중앙대교당		
	온양민속박물관		한국에너지기술연구원		
	아인스월드		한국자수박물관		
			초전섬유퀼트박물관		

숙제를 돕는 사진

총석정

정조의 현륭원 행차

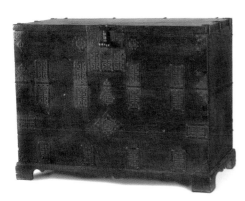

강화 반닫이

금동 미륵보살
반가 사유상 (국보 제78호)

금동 미륵보살
반가 사유상(국보 제83호)

야외 의식용 불화

숙제를 돕는 사진

청자 연꽃 넝쿨무늬 매병

청자 칠보 무늬 향로

연가 칠년이 새겨진 부처

연상

분청사기
모란 넝쿨무늬 항아리

분청사기
인화 무늬 병

분청사기
모란 넝쿨무늬 편병

백자 달 항아리

백자 복숭아 모양 연적

백자 철화 끈 무늬 병

잔과 잔 받침